Antje Bostelmann (Hrsg.)

Controlling in Kindertageseinrichtungen

W0012387

Antje Bostelmann (Hrsg.)

Controlling in Kindertageseinrichtungen

Beltz Verlag · Weinheim und Basel

BELTZ

Ihre Wünsche, Kritiken und Fragen richten Sie bitte an:
Verlagsgruppe Beltz, Fachverlag Frühpädagogik,
Werderstraße 10, 69469 Weinheim
oder
KLAX, Arkonastr. 45–49, 13189 Berlin
Tel.: 030/47 79 60
Fax: 030/47 30 01 00
E-Mail: klax@klax-online.de
Internet: www.klax-online.de

ISBN 3-407-56281-0

Planung/Konzept: Ulrike Bazlen, Weinheim
Lektorat: Katrin Sauer, Weinheim
Herstellung: Anja Kuhne, Weinheim
Satz: WMTP, Birkenau
Druck und Bindung: Druckhaus »Thomas Müntzer«, Bad Langensalza
Umschlaggestaltung: glas ag, Seeheim-Jugenheim
Fotos inkl. Titelfotografie: Photonica/Andie Martin
Printed in Germany

**Weitere Informationen finden Sie im Internet unter
www.beltz.de und www.kleinundgross.de**

Inhalt

Vorwort

Pädagogische Einrichtungen wie Kindergärten unterliegen einem sich zunehmend verschärfenden Wettbewerb. Dies stellt hohe Anforderungen an die Leitungen und an die Träger. Jedes Kindergarten-Team – ob einem Träger zugeordnet oder in alleiniger Verantwortung agierend – wird irgendwann vor Fragen stehen, die nicht ohne weiteres zu beantworten sind: Wie hoch ist eigentlich der Krankenstand in unserem Kindergarten? Liegt er eher im Durchschnitt? Oder sind die Erzieherinnen bei uns öfter krank als in der Nachbareinrichtung? Wie viele Kinder betreuen wir in diesem Jahr? Sind dies mehr oder weniger Kinder als in den vergangenen Jahren? Müssen wir uns Sorgen machen und Maßnahmen ergreifen?

Erheblich schwieriger wird es bei der Frage nach dem Entwicklungsstand der pädagogischen Qualität, nach der Zufriedenheit von Eltern mit der Leistung des Kindergartens und nach dem, was die Kinder in ihrer Kindergartenzeit wirklich gelernt haben. Hier kann ein Instrument aus der Wirtschaft, das Controlling, helfen.

In unserem Buch »Pädagogische Prozesse im Kindergarten – Planung, Umsetzung, Evaluation«, 2003 im Beltz Verlag erschienen, sind wir ausführlich darauf eingegangen, wie man pädagogische Qualität feststellen kann. Nun wollen wir beschreiben, wie man pädagogische und wirtschaftliche Leistungen steuern und ihren Erfolg überprüfen kann – ein Vorgang, der im pädagogischen Bereich bisher weitgehend unbekannt ist oder mit großer Skepsis betrachtet wird.

Controlling im Kindergarten? Was hat dieses Instrument aus der Wirtschaft überhaupt mit pädagogischen Einrichtungen zu tun? Nichts, werden Erzieherinnen und Erzieher antworten, unsere praktische Arbeit berührt so etwas nicht. Kinder und Eltern interessiert es schon gar nicht.

Andererseits: Einzelne Aspekte von Controlling gehören möglicherweise schon zum Alltag. Manche Leiterin schlägt sich seit Jahren mit dem Ausfüllen von Statistikbögen herum, stellt das Jahresbudget auf und überwacht es, führt Anwesenheitslisten oder meldet wenigstens Krankentage »nach oben«. Rückmeldungen oder die Auswertung solcher Daten, sofern die Leiterin sie überhaupt erhält, kann sie kaum entschlüsseln. Aber: Wer einen Kindergarten oder eine andere pädagogische Einrichtung erfolgreich leiten will, wird sich mit den Zusammenhängen befassen müssen, in denen pädagogische Arbeit stattfindet, mit ihren Rahmenbedingungen und Strukturen.

Da wäre zum einen das pädagogische Personal, das seine Arbeitskraft, seine Professionalität und seine Berufserfahrungen einbringt. Auf welchem Entwicklungsstand befindet es sich? Über welche Qualifikationen und Kompetenzen verfügen die Erzieherinnen und Erzieher?

Da wären Räume und Materialien. Wie gut ist der Kindergarten ausgestattet? Gibt es moderne Bildungsmedien? Wie viele Quadratmeter stehen den Kindern und Erwachsenen zur Verfügung?

Da wäre die Verwaltung, die für personalrechtliche Sachverhalte ebenso zuständig ist wie für die Finanzen, für die Kundenverträge, für die Versorgung zu den Mahlzeiten und für Reparaturen. Welchen Einfluss hat sie auf den pädagogischen Alltag? Erschwert sie ihn durch ein Übermaß an Bürokratie? Oder unterstützt sie die Arbeit mit den Kindern? Trägt sie dazu bei, dass die Kunden, nämlich Kinder und deren Eltern, zufrieden sind? Leitet sie Kundeninformationen weiter? Reagiert sie auf Beschwerden? In jeder pädagogischen Einrichtung wird Geld eingenommen – funktionieren die Systeme, die die fachlich und rechtlich korrekte Buchhaltung garantieren sollen, so dass nicht nur der morgige Tag, sondern auch das nächste Jahr gesichert ist?

Kurz: Jede pädagogische Einrichtung ist ein komplexes System, in dem pädagogische und wirtschaftliche Prozesse ablaufen, deren optimales Funktionieren für den Erfolg des gesamten Systems von entscheidender Bedeutung ist. Doch so ein System funktioniert nicht von allein, es benötigt Steuerung. Dies ist Aufgabe der Führungskräfte, also der Leitungen und der verantwortlichen Mitarbeiter beim Träger.

Wer etwas steuert, trifft Entscheidungen. Wer etwas entscheiden muss, benötigt Informationen. Die Qualität einer Entscheidung aber hängt von der Qualität der Informationen ab, auf denen die Entscheidung beruht.

Professionelle Einrichtungen gewinnen Informationen aus Kennzahlen, die über Jahre hinweg gesammelt und, ausgewertet in regelmäßigen Controllingberichten, organisationsintern veröffentlicht werden. Diese Berichte enthalten Aussagen über die Höhe des Krankenstandes oder die Entwicklung der Kinderzahlen, geben Aufschluss über die finanzielle Lage der Einrichtung, die Zufriedenheit der Kunden, der Mitarbeiterinnen und Mitarbeiter. Sie tragen dazu bei, dass jeder in der Einrichtung Beschäftigte Führungsentscheidungen nachvollziehen und mittragen kann. Anders gesagt: Controllinginstrumente liefern Kennzahlen, die den Zustand eines Systems, also auch den eines Kindergartens, mit großer Klarheit abbilden können. Sie sind die Grundlage wichtiger strategischer Entscheidungen und machen sie transparent und nachvollziehbar.

Dass und wie solche Instrumente auch in pädagogischen Einrichtungen sinnvoll eingesetzt werden können, möchten wir in diesem Buch nachweisen und beschreiben. Wir sind froh, mit Christian Kahl einen Autoren gewonen zu haben, der die Auswirkungen von Controllinginstrumenten auf den Erfolg von Unternehmen in seiner beruflichen Praxis als Unternehmensberater bei der Berliner Firma Axentris vielfach erfahren hat. Die Axentris Informationssysteme GmbH Berlin hat uns zu diesem Buch angeregt, seine Entstehung finanziell unterstützt und fachlich begleitet. Weite-

rer Dank gilt Gabi Wimmer und Michael Fink für ihre Bei-
träge, die sie um Praxisbeispiele aus der KLAX gGmbH er-
gänzten. Alle drei Autoren haben sich bemüht, Fachbegriffe
aus der Wirtschaft weitestgehend zu übersetzen. Nicht immer war dies möglich, *kursiv* stehende Begriffe werden deshalb in einem Glossar, das im Anhang zu finden ist, erklärt.

Wir wünschen Ihnen, liebe Leserin, lieber Leser, interessante Einsichten in ein bislang stiefmütterlich behandeltes
Thema, Mut zum Ausprobieren und viele fachliche Anregungen für die eigene Arbeit. Vertreter von Trägern sowie
LeiterInnen und MitarbeiterInnen von Einrichtungen, die
mit uns über Controlling im pädagogischen Bereich in Kon-
takt oder in Erfahrungsaustausch treten wollen, sind herz-
lich dazu eingeladen.

Antje Bostelmann
Dezember 2004

Die Bedeutung des Controlling

Dietrich Dörner schreibt in seiner »Logik des Misslingens«: »Wenn ich die Folgen meiner eigenen Handlungen gar nicht erst zur Kenntnis nehme, so bleibt mir die ›Kompetenzillusion‹! Hat man eine Entscheidung getroffen, um einen bestimmten Missstand zu beseitigen, so kann man, wenn man nur die Folgen der Maßnahme nicht betrachtet, der Meinung sein, dass der Missstand behoben ist. Das Problem ist gelöst, und man kann sich neuen Problemen zuwenden.«[1]

Das von Dörner geschilderte Phänomen tritt immer dann auf, wenn eine Leistung erbracht oder ein Problem bearbeitet wurde, ohne den Erfolg der Tätigkeit zu überprüfen. Dies ist auch bei Dienstleistungen im pädagogischen Bereich der Fall, die zudem bisher nur selten systematischer und kontinuierlicher Qualitätskontrolle unterzogen werden.

Die Steuerung und Überprüfung – das Controlling – der Arbeitsprozesse, sowohl in pädagogischer als auch in betriebswirtschaftlicher Hinsicht, ist ein wichtiges Führungsinstrument für jede pädagogische Einrichtung. Nur mit Hilfe der nachgelagerten Überprüfung eigener Leistungen ist es möglich, qualitativ hochwertige Dienstleistungen dauerhaft zu erbringen und hohe Kundenzufriedenheit zu erreichen.

Um diesen Prozess in Gang zu setzen und zu halten, kann ein Controlling-System etabliert werden, das zum einen die Erbringung der pädagogischen Leistung und zum anderen die betriebswirtschaftlich relevanten Geschäftsprozesse steuert, überwacht und ggf. korrigiert. Zu diesem Zweck vernetzt das Controlling pädagogische Prozesse, qualitätsre-

---

1 Dörner, D. [1989], S. 268 ff.

levante Abläufe und betriebswirtschaftliche Kenngrößen in einem durchgängigen *Berichtswesen*. Relevante *Kennzahlen* aus allen Bereichen werden ermittelt, zusammengeführt, ausgewertet und zur Steuerung der Geschäftsprozesse im Sinne der vorgegebenen Ziele verwendet.

Was bei der Einführung eines Controlling-Systems im pädagogischen Umfeld zu beachten ist und wie es erfolgreich eingesetzt werden kann, wird im Folgenden detailliert erläutert und mit Beispielen aus der Praxis des Controlling bei der KLAX gGmbH veranschaulicht.

1.1 Aufgaben des Controlling

Der Begriff »Controlling« wird fälschlicher Weise oft mit dem Wort »Kontrolle« gleichgesetzt. Betriebswirtschaftliches Controlling ist jedoch viel umfassender zu verstehen, da es neben der Kontrolle auch die Aspekte Planung, Steuerung und Regelung von Vorgängen sowie die dazu erforderliche Gewinnung von Informationen beinhaltet. Die Definition von Horváth, die alle relevanten Aspekte des Controlling in einem Satz zusammenführt, liegt diesem Buch zugrunde.

> **»Controlling ist – funktional gesehen – dasjenige Subsystem der Führung, das Planung und Kontrolle sowie Informationsversorgung systembildend und systemkoppelnd ergebniszielorientiert koordiniert und so die Adaption und Koordination des Gesamtsystems unterstützt.«** [2]

Vereinfacht bedeutet dies, dass Controlling für die systematische Planung und Kontrolle von Zielen sowie für die Beschaffung und Auswertung von diesbezüglichen Informationen verantwortlich ist.

---

2 Horváth, P. [1996], S. 141

Gemäß der o.g. Definition ist Controlling in erster Linie ein Führungsinstrument. Die Controllingabteilung sollte daher in der Hierarchie an entsprechender Stelle angesiedelt und mit den erforderlichen Befugnissen ausgestattet werden. In der betrieblichen Praxis wird das Controlling oft der Geschäftsführung als bereichs- und abteilungsübergreifend wirkende Stabsstelle unterstellt.

Hauptaufgaben des Controlling:
- **Überwachung der pädagogischen und betriebswirtschaftlichen Kenngrößen im Hinblick auf die Ziele, also der Vergleich von Soll- und Ist-Daten;**
- **Unterstützung des Managements bei der Planung, also der Festlegung der Soll-Daten;**
- **Erhebung, Aufbereitung und Auswertung von aktuellen *Kennzahlen*, also der Ist-Daten**

Diese Aufgaben erfüllt das Controlling, indem es
- die Geschäftsführung bei der langfristigen Planung und der Festlegung der Ziele unterstützt,
- die dafür erforderlichen Informationen bereitstellt und deren Aktualität überwacht,
- Indikatoren festlegt, mit denen die Zielerreichung gemessen wird,
- die Umsetzung der geplanten Maßnahmen zur Zielerreichung überwacht,
- umgehend Korrekturmaßnahmen bei gravierenden Abweichungen einleitet,
- ein *Berichtswesen* einrichtet und steuert, mit Hilfe dessen die pädagogischen und betriebswirtschaftlichen Ist-Daten ermittelt werden,
- Soll- und Ist-Daten vergleicht und die Ergebnisse periodisch auswertet und interpretiert und
- die Ergebnisse in einem Bericht mit Handlungsempfehlungen zusammenfasst, der als Entscheidungsgrundlage für die Geschäftsführung dient.

Ist die Planung langfristig auf die Zukunft ausgerichtet, spricht man vom strategischen Controlling (☞ Kap. 3.1). Die Aufgabe des strategischen Controllings besteht in der Bereitstellung von Informationen, die zur Ableitung der langfristigen Strategien (strategische Planung) und zur Überwachung des Erreichens der strategischen Ziele (strategische Kontrolle) dienen. Im Gegensatz zum strategischen Controlling konzentriert sich das operative Controlling (☞ Kap. 3.2) auf die kontinuierliche Überwachung der aktuellen Kenngrößen in Bezug auf die kurzfristigen Ziele.

Die Basis für sämtliche Controllingaktivitäten – sowohl strategische als auch operative – sind Informationen. Diese Informationen müssen aktuell und aussagekräftig sein und sich auf alle relevanten Bereiche der Einrichtung sowie ihres Umfeldes beziehen. Daher ist der Aufbau eines effektiven *Berichtswesens* der erste Schritt zum funktionierenden Controlling.

1.2 Nutzen des Controlling

Um Aussagen über den Nutzen des Controlling zu treffen, ist es sinnvoll, zunächst zu betrachten, wer die Leistungsempfänger – also die internen und externen Kunden – des Controlling sind. Das Controlling ist der Geschäftsführung als Stabsstelle zugeordnet. Folglich ist sie auch der primäre interne Kunde. Intern sind die Ergebnisse des Controlling für die Bereichs- und Abteilungsleiter, aber auch für die Mitarbeiterinnen und Mitarbeiter aufschluss- und hilfreich.

Doch Dienstleistungen des Controlling sind auch für weitere Personenkreise im Umfeld einer pädagogischen Einrichtung von Interesse, nämlich für die externen Kunden. Dies sind in erster Linie die betreuten Kinder und deren Eltern, aber auch die Öffentliche Hand, insbesondere die staatlichen Stellen, die mit der Kostenübernahme betraut sind.

Vorteile des Controlling:

- Controlling sorgt für eine fundierte, aktuelle und überwachte *Kennzahlen*basis als Entscheidungsgrundlage für die langfristige Planung.
- Controlling hilft bei der Steuerung im Sinne der Zielerreichung.
- Controlling schafft Transparenz bezüglich betriebswirtschaftlicher und pädagogischer Leistungen in der Einrichtung.
- Controlling hilft bei der Einschätzung von *Effektivität* und *Effizienz* der eigenen Leistungen.
- Controlling ermöglicht einen Vergleich der Leistungen der einzelnen Bereiche oder Abteilungen untereinander.
- Controlling ermöglicht einen Leistungsvergleich mit externen Einrichtungen (*Benchmarking, Best Practice*).
- Controlling deckt Problembereiche auf und liefert Ansatzpunkte für Korrektur- und Verbesserungsmaßnahmen.
- Controlling schärft durch systematische Informationsbereitstellung das Kostenbewusstsein in der Einrichtung.
- Controlling hilft durch Überwachung geldlicher *Kennzahlen*, Verschwendung zu vermeiden und damit Kosten zu senken.
- Controlling ist die Voraussetzung für eine *Lernende Organisation* mit umfassender Kunden- und Qualitätsorientierung.

Natürlich müssen auch die Kosten des Controlling betrachtet werden, da es – wie jeder andere Bereich der Einrichtung – dem Prinzip der Wirtschaftlichkeit unterliegt. Wirtschaftlichkeit wird aus betriebswirtschaftlicher Sicht als das Verhältnis von Kosten und Nutzen definiert. Folglich muss der Nutzen des Controlling dessen Kosten übersteigen, sonst ist es nicht sinnvoll. Für die Bewertung des Controlling in der Praxis haben sich nach Gleich[3] drei Leistungsindikatoren bewährt.

Leistungsindikatoren für die Bewertung des Controlling:

- Geldliche Bewertung der Controlling-Dienstleistungen und Controlling-*Produkte* mit Hilfe der *Prozesskostenrechnung* anhand des Ressourcenaufwandes (Beispiel: Das Verfassen eines Monatsberichts dauert 1 Personentag, der mit x Euro bewertet wird.).
- Bildung eines Kunden-Nutzen-Index für alle Controlling-Leistungen durch gezielte Befragung der Controlling-Kunden. Auf diese Weise können wichtige und weniger wichtige Controlling-Leistungen identifiziert und mit Zielaufwänden und Zielkosten bewertet werden.
- Bewertung der Qualität der Controlling-Leistung (unabhängig von deren Nutzen) durch eine interne Kundenbefragung. Damit lassen sich Verbesserungspotenziale bei den Leistungen des Controlling feststellen.

Nachdem das Controlling eingeführt und in der Einrichtung etabliert worden ist, sollte unbedingt eine Leistungsüberprüfung durchgeführt werden, um eine hohe Qualität der internen Controlling-Dienstleistungen zu sichern und so die effiziente strategische Entwicklung der Einrichtung zu ermöglichen.

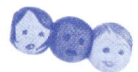

---

3 Gleich, R. [2001]

Einführung von Controlling

Für die erfolgreiche Einführung von Controlling in eine pädagogische Einrichtung sind verschiedene Einflussfaktoren ausschlaggebend. Dies sind sowohl organisatorische und technische Voraussetzungen, die in der Einrichtung vorhanden sein bzw. geschaffen werden müssen, als auch die Einbindung der Mitarbeiterinnen und Mitarbeiter, die von der Wirksamkeit des Instruments überzeugt sein müssen. Hier können Teamentwicklungsprozesse in Gang gesetzt und fortgeführt werden, die an die spezifischen Kompetenzen von Pädagoginnen und Pädagogen anknüpfen.

Strukturelle und organisatorische Verankerung des Controlling in der Einrichtung

Grundvoraussetzung für erfolgreiches Controlling ist die konsequente Umsetzung einer adäquaten Führungsphilosophie in der gesamten Einrichtung. Die am besten für eine controllingorientierte Führung geeignete Managementmethode ist das *Management by Objectives (MbO)*, also das Führen mit Zielen. Nur wenn es gelingt, alle Führungskräfte aktiv in das System einer zielgesteuerten Führung zu integrieren und das Controlling als akzeptierte und von den Führungskräften genutzte Servicefunktion zu etablieren, kann sein Potenzial voll ausgeschöpft werden. Grundlegend für das *Management by*

Objectives ist die Unterscheidung von *Effizienz* und *Effektivität*[4]:

Effizienz = »doing things right«
Effektivität = »doing the right things"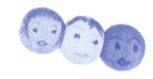

Die Schlussfolgerung, dass *Effizienz* nur in Verbindung mit *Effektivität*, also mit einer Ausrichtung an den richtigen Zielen, maximalen Nutzen bringt, ist auch auf das Controlling übertragbar und spiegelt sich in dessen Zweigliedrigkeit wieder: Das strategische Controlling ist verantwortlich für die *Effektivität* – also die Definition der richtigen Ziele – als Grundlage für die Ausrichtung der Geschäftsprozesse. Das operative Controlling hingegen ist für die effiziente Steuerung der Prozesse zur Erreichung der strategischen Ziele zuständig. Vor der Einführung des Controlling in eine Einrichtung müssen also eine zielbasierte Steuerung und entsprechende Strukturen geschaffen werden, um das Controlling nahtlos in die Gesamtsstruktur zu integrieren.

In den Bereichen Planung, Zielsetzung und *Berichtswesen* bestehen Überschneidungen zwischen dem Controlling und dem Qualitätsmanagement (☞ Kap. 1 Aufgaben des Controlling). Diese Schnittstellen werden bei der Einführung des Controlling analysiert und definiert, damit sich Controlling und Qualitätsmanagement nicht gegenseitig behindern, sondern abgestimmt agieren und eine synergetische Einheit bilden.

Der Erfolg des Controlling ist eng mit der Güte und *Effizienz* der Ermittlung und Auswertung der *Kennzahlen* verbunden. Werden die benötigten *Kennzahlen* nicht pünktlich und regelmäßig erhoben, nicht systematisch und aussagekräftig ausgewertet, ist der Nutzen des Controlling fraglich. Der Informationstechnologie (IT) kommt daher eine Schlüsselrolle für den Erfolg des Controlling zu: Adäquate EDV-Hilfsmittel sichern effizientes Erheben, Auswerten

---

4 Drucker, P. F. [1996]

und Bereitstellen entscheidungsrelevanter Informationen. Dabei gilt es, die an unterschiedlichen Orten auf unterschiedlichen Medien vorliegenden Informationen zu sammeln und in aussagekräftige Auswertungen zu überführen.

Die benötigten Informationen liegen in der Regel an verschiedenen Orten vor: Einige Daten, z.B. zu finanzwirtschaftlichen *Kennzahlen*, sind in den für die Unterstützung dieser Prozesse verwendeten IT-Systemen gespeichert. Andere Daten werden in den entsprechenden Bereichen gesammelt und archiviert, teils elektronisch, teils auf Papier. Wieder andere Informationen, z.B. Umfragen zur Mitarbeiter- oder Kundenzufriedenheit, müssen erst durch Datenerhebungen gewonnen werden. Moderne IT-Lösungen wie *EAI-Software* (EAI = Enterprise Application Integration) bieten die Möglichkeit, die gewünschten Informationen durch Vernetzung aller betreffenden EDV-Systeme zusammenzuführen und auszuwerten. Es handelt sich dabei um eine individuelle Softwarelösung, die auf der Grundlage der Voraussetzungen und Bedürfnisse der Einrichtung entwickelt wird.

Die Einführung einer solchen IT-Lösung sollte jedoch erst erwogen werden, wenn sich die Controllingprozesse bewährt haben und sich das auszuwertende Datenvolumen stark erhöht hat. Außerdem ist zu beachten, dass die Softwareeinführung mit hohen Einführungs- und Pflegekosten sowie mit nicht zu unterschätzendem zeitlichen Aufwand verbunden ist. Nachträgliche Änderungen an eingeführter Software sind teuer. Daher müssen die benötigten Auswertungen und die zu integrierenden *Kennzahlen* im Vorfeld möglichst detailliert und fehlerfrei definiert werden.

Es empfiehlt sich, im Rahmen der Controllingeinführung zunächst auf einfache IT-Hilfsmittel zurückzugreifen, die zwar nicht so leistungsfähig sind, aber eine kostengünstige Alternative darstellen und die Arbeit erleichtern können. So können Daten von verteilten Standorten beispielsweise mittels strukturierter E-Mails oder einer webbasierten Datenerfassung mit relativ geringem Aufwand gesammelt werden. Eine solche elektronische Datensammlung hat zwei wesentliche Vorteile: Zum einen können die Daten sofort nach Eingabe ohne Zeitverzögerung übermittelt werden. Zum anderen müssen die in elektronischer Form vorliegenden Daten nur in die verwendeten Auswertungsprogramme übernommen und nicht erneut eingegeben werden.

Handelsübliche Tabellenkalkulationsprogramme wie Microsoft Excel® reichen für die Auswertung der Daten zunächst völlig aus. Mit ein wenig Übung und Geschick lassen sich damit zweckdienliche Auswertungen entwickeln und bei Bedarf schnell an geänderte Anforderungen anpassen, was insbesondere in der Einführungsphase erfahrungsgemäß häufig der Fall ist. Verfügt eine Einrichtung über ein eigenes Intranet, können die vom Controlling entwickelten Auswertungen dort von den betreffenden Personenkreisen eingesehen werden.

Da das Controlling strategisch ausgerichtet und mit allen Bereichen – der zeitnahen Beschaffung und Analyse von

Praxistipp

Checkliste: Organisatorische und technische Voraussetzungen für die erfolgreiche Controlling-Einführung

- zielbasierte Führung der Einrichtung (*Management by Objectives*),
- geeignete Organisationsstruktur und geregelte Schnittstellen zwischen Qualitätsmanagement und Controlling,
- verzahnte strategische und operative Planung,
- operative Zielsetzung mit messbaren *Kennzahlen*,
- ausgereiftes *Berichtswesen*,
- geeignete IT-Unterstützung,
- geeignetes Controlling-Personal.

Daten wegen – venetzt ist, stellt es nicht nur hohe Anforderungen an die strukturellen, organisatorischen und technischen Rahmenbedingungen, sondern auch an die persönlichen Kompetenzen des Controllers. Ein Controller sollte über gute Fach- und Methodenkompetenz, vor allem aber über die folgenden Sozialkompetenzen verfügen: strategisches Denken und Abstraktionsvermögen, eigenverantwortliches Handeln, Akzeptanz und Kommunikationsfähigkeit, Durchsetzungskraft, Einfühlungsvermögen und Diplomatie, Beharrlichkeit und Hartnäckigkeit.

Akzeptanz des Controlling durch Mitarbeiterinnen und Mitarbeiter

2.2

Die Einführung des Controlling ist mit Veränderungen in den Handlungsabläufen verbunden, deren Erfolg zwangsläufig ungewiss ist. Das löst bei vielen Menschen erhebliche Unsicherheit und Veränderungsängste aus. Sie wissen nicht, ob sie sich im neuen System zurechtfinden werden, ob sie den fachlichen Anschluss finden und den Umgang mit dem Neuen genau so sicher erlernen wie die gewohnten Handlungsmuster. Kein Wunder, dass Notwendigkeiten zunächst verdrängt werden, die für die Veränderung sprechen, dass Argumente überhört, nicht wahrgenommen oder umgedeutet werden. In solchen Situationen brechen häufig alte oder unbearbeitete Konflikte auf und fordern Aufmerksamkeit: »Wir haben wirklich mit der praktischen Arbeit genug zu tun. Wollen Sie, dass wir die Kinder in die Ecke stellen, wenn Verwaltungsarbeiten zu erledigen sind?« Oder: »Klar hat die Leitung bei der letzten Klausur über die bevorstehende Einführung des neuen Systems gesprochen. Aber wir warten erst mal ab… Wer weiß, ob uns das überhaupt betrifft.«

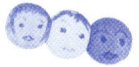

Solche oder ähnliche Statements sind in Zeiten der Veränderung oft zu hören. Fatal, wenn die Leitung glaubt, sie hätte mit zwei, drei Veranstaltungen schon alle Mitarbeiterinnen und Mitarbeiter ausreichend informiert und für die Mitgestaltung des Reformprozesses gewonnen. Das ist nicht so – im Gegenteil. Rückmeldungen, die darauf schließen lassen, dass kaum jemand bisher etwas zu diesem Thema gehört hat, häufen sich.

Was tun? Wie lassen sich Veränderungen professionell begleiten?

Informationen allein stellen noch keine Unterstützung her. Entscheidend ist die Überzeugungs- und Motivationskraft der Leitung, die nachvollziehbar deutlich machen muss, welchen qualitativen Nutzen die Veränderung hat. Denn zunächst erschwert sie die praktische Arbeit erheblich und stört Arbeitsabläufe – allein schon durch die mangelnde Übung im Umgang mit dem neuen System. Alles kostet mehr Zeit, bindet mehr Energie und birgt Konfliktpotenzial.

Was also trägt die Mitarbeiterinnen und Mitarbeiter durch diese Mühsal? Die Fachlichkeit der Leitung und deren Durchsetzungsfähigkeit.

Mitarbeiterinnen und Mitarbeiter erwarten in Veränderungssituationen, dass Führungskräfte wissen, auf welchem Weg das gewünschte Ziel erreicht werden kann. Nur wenn sie sich einig über Ziele und Wege sind, können sie glaubhaft vermitteln, dass gute Erfolgschancen bestehen und es sich nicht um eine Hau-Ruck-Aktion mit ungewissem Ausgang handelt.

Vertrauen spielt dabei eine zentrale Rolle. Aber es entsteht und wächst nur, wenn Loyalität, Fairness, Ehrlichkeit und Einfühlungsvermögen, Offenheit und menschliches Interesse ernst zu nehmende Größen in der Kultur der Einrichtung sind und die Leitung sie nachvollziehbar vertritt. Darüber hinaus muss sie sich schon im Vorfeld auf den Veränderungsprozess vorbereiten und sich die nötige Fachkom-

Praxisbeispiel

Den Führungskräften der KLAX gGmbH wurden neben Informationsveranstaltungen und Schulungen über Controllingsysteme eine begleitende externe Fallberatung und Einzelcoaching angeboten. Vor allem im externen Einzelcoaching konnten sie sich besser als in der Gruppe mit ihren eigenen Veränderungsängsten auseinandersetzen, Ressourcen aktivieren und neue Verhaltensweisen einüben.

Als die Mitarbeiterinnen und Mitarbeiter merkten, dass sich vertraute Systeme tatsächlich verändern und dies auch sie selbst betrifft, wurden gewohnte Handlungsmuster plötzlich in Frage gestellt. Ein gewaltiger Prozess des Umdenkens setzte ein und entlud sich immer wieder in Spannungen, Wut und Angstreaktionen. Real erlebte Unsicherheit kann enorme Gegenreaktionen bei einzelnen Beschäftigten, aber auch in ganzen Abteilungen, Bereichen oder Teams auslösen. Ganz normale Dienstbesprechungen wurden deshalb direkt oder indirekt ständig von der Thematik dominiert. D.h., die laufende Arbeit musste so organisiert werden, dass für die Mitarbeiterinnen und Mitarbeiter Raum und Zeit blieb, sich mit ihren Unsicherheiten auseinandersetzen und ihre Spannungen nach und nach abbauen zu können. Merkten sie, dass Vorgesetzte sich mit ihnen gemeinsam auf den Weg machten, Gefahren erkannten und Schwierigkeiten meisterten, so wuchs das Gefühl der Sicherheit.

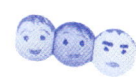

petenz für zusätzlich anfallende Aufgaben bei der Begleitung des Personals erarbeiten.

Veränderungen werden leichter akzeptiert, wenn sie als zukunftssichernd wahrgenommen werden. Wer nur von der

Praxistipp

Instrumente der Personalentwicklung:

- Fallberatung: Praktische Umsetzungsschwierigkeiten werden besprochen, Handlungsalternativen werden entwickelt und eingeübt.
- Teamcoaching: Teamentwicklung als Beziehungsentwicklung, die das Ausschöpfen von Ressourcen in einer Arbeitsgruppe ermöglicht, indem Konflikte, Probleme und Unsicherheiten offen besprochen werden und nach lösungsorientierten Wegen gesucht wird.
- Externe Beratung: Vermittlung und Übersetzung schwieriger Veränderungszusammenhänge durch Fachleute, die unabhängig von der Einrichtungshierarchie agieren.

Mühsal umfassender Umstrukturierungen spricht, muss sich nicht wundern, dass seine Worte bei den Mitarbeiterinnen und Mitarbeitern keinen Motivationsschub auslösen. Anders gesagt: Unternehmens- und Personalentwicklung gehören eng zusammen, Lernprozesse richten sich an den Entwicklungserfordernissen der Einrichtung aus, und Einzelmaßnahmen für verschiedene Zielgruppen werden sinnvoll und nachvollziehbar aufeinander abgestimmt. Das Team durchläuft dabei mehrere Phasen, in denen es zunächst emotional reagiert, sich dann konstruktiv mit den Veränderungen auseinandersetzt und diese schließlich annimmt, mitgestaltet und nutzt.

Erst wenn die emotionale Phase bewältigt ist, können sich die Mitarbeiterinnen und Mitarbeiter mit den Vor- und Nachteilen der Neuerung aktiv und konstruktiv auseinander setzen, ihre Gedanken neu ordnen und einschätzen, was sie selbst tun können, um sich am Geschehen zu beteiligen.

Vorgesetzte, die diese Diskussionen mit Gefühl und Sachverstand leiten und begleiten, bauen eine Brücke zur konstruktiven Phase, deren Basis die Zustimmung des Personals zum geplanten Veränderungsprozess ist.

Hat das Team die konstruktive Phase gut durchlaufen, schließt sich die Phase der Akzeptanz an, die es den Mitarbeiterinnen und Mitarbeitern ermöglicht, das neue System sinnvoll zu nutzen. Spätestens jetzt entfaltet der Ehrgeiz einzelner Beschäftigter oder ganzer Bereiche, das System mitzugestalten und es auf ihre praktischen Erfordernisse und Bedürfnisse auszurichten, es also lebbar zu machen, seine positive Wirkung. Aufbruchstimmung, Gestaltungswillen, Experimentier- und Lernfreude greifen Raum. Der Wille, die neuen Herausforderungen fachlich weiter zu untermauern, setzt sich durch.

Praxisbeispiel

Erst wenn Menschen das Gefühl entwickeln, ernst genommen und gebraucht zu werden, hat eine Veränderung langfristig Erfolg. Die KLAX gGmbH hat sich daher entschlossen, in einem langfristigen Fortbildungsprojekt pädagogische Fachlichkeit gezielt auf das eigene Konzept hin zu schulen. Dem pädagogischen Personal wird seit Beginn der Einführung des Controllingsystems die Möglichkeit zur Weiterbildung in verschiedenen pädagogischen Fachrichtungen geboten. Unterstützt durch externe Beratung wurde ein Konzept erarbeitet, das die Übertragbarkeit in die Praxis mittels theoretischer Inputs, Hospitation und gezielter Lerntools sichert. Dabei zeigte sich, dass eigene Personalentwicklung auch in kleineren Unternehmen sinnvoll ist, um alle Maßnahmen koordinieren zu können.

Praxistipp

Wie lassen sich Angst und Missverständnisse vermeiden?

- Angst vor Veränderungen ist unvermeidlich, denn sie ist ein natürliches Gefühl, das den Menschen vor übereilten, waghalsigen Schritten schützt. Wird sie zu stark, kann sie blockieren und handlungsunfähig machen.
- Missverständnisse können durch klare Information vermindert und, wenn sie auftauchen, geklärt werden.
- Jeder Wandel, jede Veränderung, jede Einführung eines neuen Systems wird um so positiver erfahren, je nachhaltiger sie praktiziert wird.
- Jede Verändungen wird von der Leitung so eingeführt, dass die Mitarbeiterinnen und Mitarbeiter positive Visionen entwickeln und weitergeben können.
- Die Kultur der Einrichtung bestimmt den Umgang mit dem Personal und damit auch den gesamten Veränderungprozess.
- Reformen sollen sich möglichst in kleinen, sozial integrierten Einheiten abspielen, Bereich für Bereich, in Einzelansprache und mit fachlicher Begleitung.

2.3 Besonderheiten pädagogischer Arbeitsfelder

Controlling soll die Qualität der für die Kinder erbrachten Leistungen sichern und verbessern. Was heißt das? »Sollen wir bewerten, welche Pädagogin die bessere Beziehung zu den Kindern hat? Oder sollen wir festlegen, wie lange eine Buchbesprechung mit Vorschulkindern dauern muss, um qualitativ gut abzuschneiden?« Die Liste der berechtigten

Fragen ließe sich endlos fortsetzen, aber schon die beiden Zitate aus der Praxis zeigen: Eine Einrichtung, die ein Controllingsystem einführen möchte, kann dies nicht tun, ohne sich mit der Qualität der eigenen Arbeit auseinander zu setzen.

Während die Qualitätsdiskussion in Wirtschaftsunternehmen enorm hohen Stellenwert besitzt, wird dort, wo es um die Arbeit mit und für Menschen geht, zwar heftig gestritten, aber wenig umgesetzt. Das hat seinen Grund. Die Bestimmung der Qualität der eigenen pädagogischen Arbeit ist ein schwieriger Prozess, der ein hohes Maß an Reflexionsfähigkeit des Personals und ein offenes, lern- und konfliktfreudiges Klima in der Einrichtung verlangt.

Sollen wir uns nun ständig beobachten und hinterfragen lassen? Ja, lautet die Antwort – weil wir es selbst so wollen und vereinbart haben.

Pädagoginnen und Pädagogen sind es gewohnt, über sich und ihre Arbeit zu sprechen. Dies gilt insbesondere für Beschäftigte in sozialpädagogischen und sozialtherapeutischen Arbeitsfeldern, die Supervision und Fallberatung kennen und damit über Methoden verfügen, ihr eigenes Handeln kritisch zu beleuchten. An diese Kompetenz gilt es anzuknüpfen.

Bevor Veränderungen eingeführt werden, sollte sich jedes Team, jeder Bereich, jede Abteilung nach den eigenen Zielen und Werten fragen, um zu einer gemeinsamen Zielsetzung und zur Entwicklung eines gemeinsamen Leitbildes gelangen zu können. Gezieltes Teamcoaching, das darauf aufbaut, kann die Mitarbeiterinnen und Mitarbeiter durch den Veränderungsprozess begleiten. Bei regelmäßigen Treffen werden Fähigkeiten und Fertigkeiten überprüft, einzelnes und gemeinsames Handeln abgesprochen. Neben konkretem Fachwissen betrifft dies auch »weiche« Qualifikationen wie Kommunikationsfähigkeit, die Fähigkeit der Reflexion, des Kritikgebens und -annehmens sowie die Führungskompetenzen der Leitung. Darüber hinaus

bietet Begleitung auch die Möglichkeit der Auseinanderset-
zung über die Sinnhaftigkeit der eigenen Arbeit.

Von Bedeutung bei der Einführung des Controllings ist
auch der Sprachgebrauch. Controlling ist ein betriebswirtschaftliches System mit entsprechenden Fachbegriffen.
Dem pädagogischen Bereich ist die Sprache der Wirtschaft

Praxistipp

Reflexionsfragen:
- Was haben wir, um darauf aufzubauen?
- Worauf sind wir stolz?
- Was können wir besonders gut und warum?
- Was macht uns Ärger und Sorgen?
- Wo wollen wir hin?

Sinn- und Identitätsfragen:
- Warum übe ich diese Tätigkeit überhaupt aus?
- Warum arbeite ich gerade in dieser Einrichtung?
- Welche Rolle spiele ich, spielt mein Team in der Einrich-
  tung?
- Wie tragen wir zum Erreichen ihrer Ziele bei?
- Wie wichtig ist unsere Arbeit im Gesamtgefüge?

Wertfragen:
- Welche Glaubenssätze haben wir über unsere Kun-
  den?
- Wie verändern sich unsere Einstellung und unser Han-
  deln, wenn aus Eltern und Kindern Kunden werden?
- Welche Werte will ich, wollen wir vermitteln?

Umfeldfragen:
- Welche Rolle spielen größere Zusammenhänge, in die
  wir eingebunden sind, für uns?
- Welches Verhältnis habe ich, haben wir zu anderen
  internen und externen Beschäftigten und Bereichen?
- Was kann ich, können wir tun, um die Zusammenarbeit mit ihnen zu verbessern?

fremd, sie verunsichert und lässt das Gefühl aufkommen, den Anforderungen der neuen Instrumente nicht gerecht werden zu können. Um dies zu vermeiden, ist es während des gesamten Einführungsprozesses nötig, Fachbegriffe zu erläutern und, wo möglich, auf ihre Gemeinsamkeiten mit pädagogisch-methodischen Instrumenten hinzuweisen. Berater, die nicht vom Fachchinesisch lassen können, sind als Begleiter untauglich.

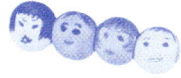

3. Strategisches und operatives Controlling

Prozesscontrolling umfasst die systematische Überwachung und Steuerung der Geschäftsprozesse einer Einrichtung. Ziel ist es, Arbeitsprozesse effizienter zu gestalten und dadurch den Erfolg der Einrichtung positiv zu beeinflussen.

In Bezug auf die Prozesse einer pädagogischen Einrichtung hat das Controlling zwei Aufgaben: Im Rahmen des strategischen Controlling unterstützt es die Geschäftsführung bei der langfristigen Planung und Kontrolle der Arbeitsprozesse. Als operatives Controlling überwacht es die kurz- und mittelfristige Planung und Umsetzung dieser Prozesse.

Zu diesem Zweck ermittelt das Controlling die *Kennzahlen*, die für die Evaluation und Optimierung der Steuerungsinstrumente auf verschiedenen Hierarchieebenen der Einrichtung erforderlich sind. Im Einzelnen liefert das Controlling die Datenbasis

- für die jährliche Optimierung des Leitbildes und der Vision in einem Strategieworkshop,
- für die jährliche Anpassung der Qualitätspolitik im Rahmen einer Managementbewertung,
- für die Selbstevaluation der Einrichtung,
- für die Zielsetzung im Rahmen einer jährlichen Einrichtungsklausur,
- für die jährliche Anpassung der Bereichsziele in Bereichsklausuren und
- für die monatliche Erfolgskontrolle, bezogen auf die Umsetzung von Maßnahmen und das Erreichen von Zielen.

In der Abb. 1 werden die Controllingprozesse in einer groben Übersicht dargestellt.

Abb. 1   Prozesscontrolling

3.1 Strategisches Controlling

Das Strategische Controlling hat die Aufgabe, sämtliche Daten und Informationen zusammenzutragen und aufzubereiten, die erforderlich sind, um langfristige Strategien abzuleiten. Auf dieser Basis legt die Leitung der Einrichtung Ziele fest und plant, mittels welcher Strategien und Maßnahmen sie erreicht werden sollen.

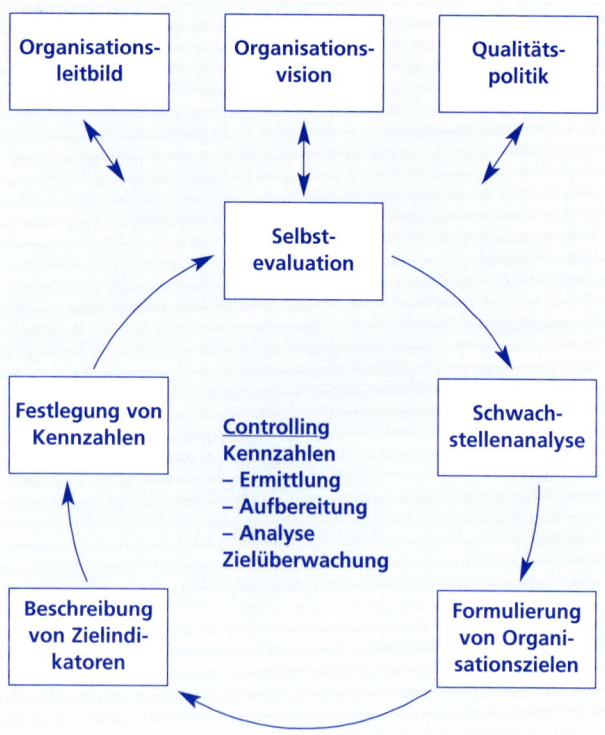

Abb. 2 Strategisches Controlling

Die Grundlagen der strategischen Planung müssen vom Controlling auf ihre fortdauernde Gültigkeit überprüft werden. Sollten sie sich ändern, muss die strategische Planung – und damit auch die strategischen Ziele – überprüft und ggf. angepasst werden.

> **»Planung ist die gedankliche Vorwegnahme möglicher zukünftiger Zustände, die Auswahl der anzustrebenden Zustände (Ziele) und die Festlegung der dazu umzusetzenden Maßnahmen. Damit soll das Unternehmen laufend an interne und externe Veränderungen angepasst werden, wobei Entscheidungen unter Berücksichtigung zukünftiger Wirkungen zu treffen sind.«** [5]

Orientiert an dieser Definition der strategischen Planung und mit dem Blick auf kontinuierliche Weiterentwicklung der Einrichtungen hin zur *Business Excellence*, hat sich in der Praxis ein systematisches Planungsverfahren bewährt.

Praxistipp

Schritte der strategischen Planung:
- Leitbild und Qualitätspolitik werden entwickelt, angepasst und fortgeschrieben.
- Auf der Basis des Leitbildes wird die Leistung der Einrichtung jährlich evaluiert, um Schwachstellen zu identifizieren.
- Unter Berücksichtigung der ermittelten Schwachstellen werden strategische Ziele für das folgende Jahr formuliert.
- Für diese strategischen Ziele werden Indikatoren festgelegt, deren Ausprägungen Rückschlüsse darauf zulassen, ob die Ziele erreicht werden.

---

5 IGG (Hrsg.) [2001], S. 164

Das strategische Controlling flankiert diesen Planungsprozess, indem es alle erforderlichen Informationen bereitstellt und sie hinsichtlich ihrer Aktualität und Relevanz überwacht.

3.1.1 Leitbild, Vision und Qualitätspolitik

Ausgangsbasis der strategischen Planung sind in pädagogischer Hinsicht das Leitbild, eine langfristig tragende Vision, was die Entwicklung der Einrichtung anbelangt, und die Qualitätspolitik.

Das Leitbild beinhaltet die pädagogischen Grundsätze der Einrichtung und definiert den Rahmen für die pädagogischen Leistungen, die erbracht werden sollen. Die Vision beschreibt, welche Fortschritte die Einrichtung und ihre Bereiche in den nächsten Jahren anstreben. Die Qualitätspolitik definiert den Anspruch der Einrichtung an die von ihr erbrachten Leistungen sowie die dazu erforderlichen Prozesse.

Leitbild, Vision und Qualitätspolitik werden in regelmäßigen Abständen von der Leitung oder Geschäftsführung überprüft und ggf. an veränderte Rahmenbedingungen angepasst oder fortgeschrieben (☞ Kap. 3.1.7). Auf diese Weise wird systematisch ein fundierter Orientierungsrahmen für die strategische Planung geschaffen.

Das Controlling liefert die Datenbasis für die Beurteilung und Neuausrichtung des Leitbildes, der Vision und der Qualitätspolitik. Dazu werden Informationen gesammelt und ausgewertet, die das gesellschaftliche, politische und unternehmerische Umfeld der Einrichtung betreffen. Dazu gehören:

- Informationen über Kundenanforderungen und -wünsche,
- Informationen über nationale und internationale Wettbewerber,

- Informationen über pädagogische Forschungsergebnisse und Entwicklungstendenzen sowie
- Informationen über staatliche Rahmen- und Finanzierungsbedingungen.

Selbstevaluation

Vor dem Hintergrund des Leitbildes, der Vision und der Qualitätspolitik führt die Einrichtung jährlich eine Selbstevaluation durch. Die hier beschriebene Selbstevaluation beruht auf dem *EFQM-Modell für Excellence* (☞ Abb. 3).

Die Selbstbewertung zielt darauf ab, bestehende Schwachstellen zu identifizieren. Sie erfolgt nach einem mehrstufigen Verfahren, um alle Ebenen und Bereiche – und damit unterschiedliche Bewertungsperspektiven – zu integrieren.

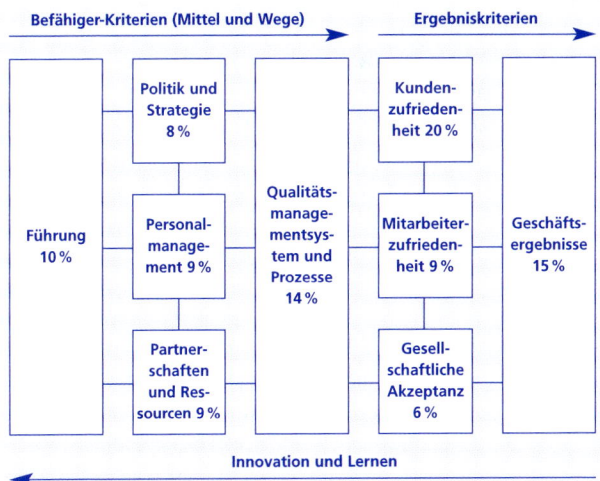

Abb. 3 Das EFQM-Modell für Excellence: Kriterien des Qualitätsmanagements (angepasst an die Bedürfnisse der KLAX gGmbH) Gewichtung der Kriterien in %

Stufe 1 – Bewertung des eigenen Arbeitsbereiches

In der ersten Stufe bewerten die einzelnen Mitarbeiterinnen und Mitarbeiter die Fortschritte in ihren Arbeitsbereichen mit Hilfe eines Fragebogens (☞ Abb. 4). Der Bogen enthält zu jedem Kriterium des Excellence Modells eine spezifische Aussage, deren Wahrheitsgehalt durch Ankreuzen bewertet wird.

Bei der Verwendung des Fragebogens ist zu beachten, dass die Bewertungen die persönliche Meinung der Mitarbeiterin oder des Mitarbeiters in Bezug auf dessen Arbeitsplatz, also nicht in Bezug auf die gesamte Einrichtung wiedergeben. Folglich beziehen sich beispielsweise Aussagen zur »Führungskraft« auf den direkten Vorgesetzten, und mit »Kunden« sind diejenigen internen und externen Stellen gemeint, die Leistungen des Arbeitsbereichs in Anspruch nehmen, in dem die Mitarbeiterin oder der Mitarbeiter tätig ist. Dies können im Bereich »Kindergarten« Kinder oder Eltern sein. Im Bereich »Personalmanagement« können es andere Beschäftigte oder die Geschäftsführung sein. Um aussagekräftige Ergebnisse zu erhalten, sollte auf diesen Umstand deutlich hingewiesen werden.

Zusätzliche Hinweise auf subjektiv wahrgenommene, bereichsbezogene Stärken und Schwächen werden in einer unstrukturierten Freitext-Abfrage erhoben, die den Fragebogen ergänzt und deren Auswertung die aus Mitarbeitersicht wichtigsten Bereichsverbesserungen und größten Schwachstellen ausweist.

Stufe 2 – Gegenseitige Bereichsbewertung

Die zweite Stufe der Selbstevaluation besteht in der gegenseitigen Leistungseinschätzung der Bereiche, die ebenfalls auf den Kriterien des EFQM Excellence Modells basiert. Die Befragung wird mit Hilfe eines Fragebogens zur gegenseitigen Bereichsbewertung (☞ Abb. 5) durchgeführt, den alle Beschäftigten eines Bereiches gemeinsam ausfüllen, d.h.

Angaben zum Arbeitsplatz

Bereich:

Abteilung:

Führungskraft: ☐ ja ☐ nein

Bitte bewerten Sie die folgenden Aussagen, indem Sie das entsprechende Kästchen ankreuzen

++ Aussage trifft zu   -   Aussage trifft eher nicht zu

+   Aussage trifft eher zu   - - Aussage trifft nicht zu

Bereiche	++	+	-	- -
Führung Die Führungskräfte Ihres Bereichs bringen sich stark im Sinne der Organisation ein, motivieren die Mitarbeiter zur aktiven Mitwirkung an Verbesserungen im Bereich und erkennen die Leistungen der Mitarbeiter an.				
Politik und Strategie Organisationspolitik, -strategie und -ziele sowie beschlossene Maßnahmen, die Ihren Bereich betreffen, werden rechtzeitig im Bereich bekanntgemacht und verständlich kommuniziert.				
Personalmanagement Die Fähigkeiten der Mitarbeiter Ihres Bereichs werden im Hinblick auf ihren Aufgabenbereich ausreichend weiterentwickelt; der Einsatz dieser Fähigkeiten erfolgt zielgerichtet.				
Partnerschaften und Ressourcen Die zur Erfüllung der an Ihren Bereich gestellten Aufgaben benötigten Ressourcen (z.B. Räume, Materialien, Personal, Informationen) werden in ausreichendem Maße zur Verfügung gestellt und wirtschaftlich sowie zur Zufriedenheit der Bereichskunden eingesetzt.				

Abb. 4   Fragebogen zur Selbstevaluation der Bereiche

Abb. 4 Fortsetzung

Bereiche	++	+	-	--

Qualitätsmanagement-System und Prozesse
Die im Rahmen der Zielklausur oder von Audits
für Ihren Bereich festgelegten Maßnahmen verbessern die Leistung des Bereichs und haben eine
positive Auswirkung auf die Zusammenarbeit mit
anderen Organisationsbereichen.

Kundenzufriedenheit
Die (internen und/oder externen) Kunden Ihres
Bereichs sind mit den Leistungen des Bereichs
zufrieden.

Mitarbeiterzufriedenheit
Die Bereichsmitarbeiter sind mit Arbeitsbedingun-
gen, Arbeitsumfeld und Arbeitsorganisation im
Bereich zufrieden.

Gesellschaftliche Akzeptanz
Ihr Bereich wird durch die anderen Organisations-
bereiche und/oder das gesellschaftliche Umfeld
der Organisation positiv wahrgenommen.

Geschäftsergebnisse
Einnahmen, Auslastung und Produkt- bzw. Dienst-
leistungsqualität haben sich bezogen auf Ihren
Arbeitsbereich positiv entwickelt.

**Welche Stärken und/oder Schwächen des Bereichs wurden
hier noch nicht erwähnt?**

sie müssen sich auf eine gemeinsame Bewertung der einzelnen Aussagen einigen. Für das Ausfüllen des Fragebogens
wird das gleiche Bewertungsschema wie für den Fragebogen
in der Evaluationsstufe 1 verwendet.

Die gegenseitige Bereichsbewertung visualisiert die ein-
richtungsinterne Wahrnehmung der einzelnen Bereiche und
die Einschätzung ihrer Leistungsfähigkeit, so dass Verbesserungspotenziale und Kommunikationsschwachstellen transparent werden.

Angaben zum Arbeitsplatz

Bereich:

Abteilung:

Bitte bewerten Sie, ob die folgenden Aussagen auf die anderen Bereiche zutreffen

++ Aussage trifft zu   -   Aussage trifft eher nicht zu

+   Aussage trifft eher zu   -- Aussage trifft nicht zu

Bereiche Kriterien des Qualitätsmanagements	Einrich- tung 1	Einrich- tung 2	Personal- verwal- tung	Buch- haltung
Führung Die Leistung der Führung des Bereichs in Bezug auf die Erreichung der Organisationsziele ist sehr gut.				
Politik und Strategie Organisationspolitik, -strategie und -ziele werden im Bereich effektiv umgesetzt.				
Personalmanagement Die Mitarbeiter des Bereichs sind ausreichend qualifiziert, um die an sie gestellten Aufgaben sehr gut zu erfüllen.				
Partnerschaften und Ressourcen Die Zusammenarbeit zwischen Ihrem und dem beurteilten Bereich ist sehr gut.				
Qualitätsmanagementsystem und Prozesse Die Effektivität der Prozesse des Bereichs in Hinblick auf dessen Dienstleistungserbringung ist hoch.				

Abb. 5   Fragebogen zur gegenseitigen Bereichsbewertung

Abb. 5 Fortsetzung

Bereiche / Kriterien des Qualitätsmanagements	Einrichtung 1	Einrichtung 2	Personalverwaltung	Buchhaltung
Kundenzufriedenheit Die Bereichskunden sind mit den Leistungen des Bereichs sehr zufrieden.				
Mitarbeiterzufriedenheit Die Mitarbeiterzufriedenheit im Bereich ist hoch.				
Gesellschaftliche Akzeptanz Die gesellschaftliche Akzeptanz des Bereichs in dessen Umfeld ist hoch.				
Geschäftsergebnisse Die Qualität und Rentabilität der vom Bereich erbrachten Dienstleistung ist sehr gut.				

Praxisbeispiel

Innerbetrieblicher Wettbewerb

Die KLAX gGmbH gründete sich als Trägerverein der KLAX-Malschule mit künstlerischem Kursangebot und betreibt heute außerdem 20 Kindergärten, in denen ca. 1100 Kinder betreut werden, und eine Grundschule. Angeschlossen sind das KLAX-Familienzentrum und der Verein zur Förderung der KLAX-Pädagogik. Darüber hinaus werden weitere Dienstleistungen wie z.B. Atelierfamiliennachmittage, Elternbildungsveranstaltungen, Aktionsstände auf Stadtteil- oder Firmenfesten u.v.m. angeboten. Z.Z. beschäftigt die KLAX gGmbH 211 Mitarbeiter.

Seit mehr als fünf Jahren werden prozess- und qualitätsbezogene Leistungen evaluiert. Ihre Bewertung wird in allen Einrichtungen veröffentlicht. Mit der Einführung der pädagogischen Leistungsbewertung vor zwei Jahren wurde beschlossen, die ermittelten Prozess-, Qualitäts- und pädagogischen Leistungsdaten für den innerbetrieblichen Vergleich der einzelnen Kindergärten zu nutzen. Dieser interne Leistungsvergleich basiert auf den vom Qualitätsmanagement, vom pädagogischen Referat und vom Controlling ermittelten *Kennzahlen* und wird vom Controlling erarbeitet. Ziel ist es, die Beschäftigten in den Prozess der kontinuierlichen Qualitätsverbesserung einzubeziehen und sie zur Steigerung der eigenen Leistungen zu motivieren.

Die Leistungsdaten zum innerbetrieblichen Wettbewerb werden regelmäßig veröffentlicht. Einmal jährlich erhalten die besten Kindergärten eine Anerkennung für ihre Leistungen. Dies drückt Wertschätzung aus und stärkt den Zusammenhalt der Teams.

In der Praxis war die Einführung des innerbetrieblichen Wettbewerbs ein großer Erfolg. Der Leistungsvergleich wirkte sich motivierend auf die Beschäftigten aus. Das äußerte sich nicht zuletzt in zahlreichen Nachfragen beim Controlling, warum diese oder jene Bewertung für den eigenen Kindergarten nicht besser ausgefallen sei. Es belegt zugleich, wie wichtig nachvollziehbare Bewertungskriterien für die Akzeptanz der Beschäftigten sind. Nach einigen Optimierungen wurde inzwischen ein Bewertungskatalog erarbeitet, der sich durch hohe Transparenz auszeichnet.

Ein Problem bei der innerbetrieblichen Leistungsbewertung stellen die unterschiedlichen Rahmenbedingungen in den einzelnen Kindergärten dar. So würde die Bewertung der räumlichen Ausstattung eines Kindergartens in einem nach eigenen pädagogischen Vorstellungen errichteten Neubau wesentlich höher ausfallen als diejenige eines Kindergartens in einem angemieteten und baulich unveränderbaren Altbau. Um Benachteiligung zu vermeiden, muss deshalb in die Bewertung einfließen, wie die Team-Mitglieder die gegebenen Ressourcen nutzen, um trotz evtl. widriger Rahmenbedingungen qualitätsvolle pädagogische Arbeit im Sinne des KLAX-Konzeptes zu leisten.

Stufe 3 – Leistungsbewertung aller Bereiche durch die Leitung

Das Controlling analysiert die Ergebnisse der beiden Umfragen, wertet sie systematisch aus und bereitet sie als Input für die dritte und letzte Stufe der Evaluation auf. Dabei lassen sich folgende Informationen gewinnen:

Durch den Vergleich mit den Bewertungen der Vorjahre können von den Mitarbeiterinnen und Mitarbeitern wahrgenommene Verbesserungen oder Verschlechterungen innerhalb der Bereiche identifiziert werden. Stellt man die Ergebnisse der beiden aktuellen Umfragen einander gegenüber, werden Abweichungen zwischen der Selbsteinschätzung der Bereiche und der externen Wahrnehmung durch die Beschäftigten anderer Bereiche sichtbar.

In der dritten Evaluationsstufe schätzt die Leitung unter Berücksichtigung der Umfrageergebnisse sowie der eigenen Situationsanalyse ein, wie sich die gesamte Einrichtung im vergangenen Jahr entwickelt hat. Diese Selbstbewertung findet im Rahmen einer jährlichen Tagung statt und orientiert sich eng an den Bewertungskriterien des *EFQM Excellence Modells*.

Praxisbeispiel

Zu jedem Selbstbewertungskriterium des Excellence Modells gibt es eine Reihe von Aussagen, die hinsichtlich ihres Erfüllungsgrades bewertet werden. Für das Kriterium »Kundenzufriedenheit« sind die folgenden Aussagen zu bewerten:

1. Die KLAX gGmbH ermittelt regelmäßig Daten über die Zufriedenheit der Kunden mit den *Produkten*/Dienstleistungen (z.B. aus Umfrageergebnissen, Beschwerden, Belobigungen, der Anzahl von Kündigungen aufgrund von Unzufriedenheit mit der Einrichtung).

2. Die Ergebnisse der Kundenzufriedenheitsmessung werden, bezogen auf die einzelnen *Produkte*/Dienstleistungen, ausgewertet und verglichen. Ggf. werden geeignete Verbesserungsmaßnahmen abgeleitet

3. Die Ergebnisse der Kundenzufriedenheitsmessung weisen bezüglich der Kundenbetreuung eine positive Entwicklung auf.

4. Die für die Kundenzufriedenheitsmessung eingesetzten Instrumente (z.B. Fragebögen) werden ständig verbessert.

Diese Aussagen beurteilt die Geschäftsleitung – unter Berücksichtigung der Ergebnisse der Bereichsevaluation zum Thema »Kundenzufriedenheit« – gemäß einem definierten Bewertungsmaßstab mit einer Bewertung von A bis D (☞ Abb. 6). Bewertet werden dabei sowohl die in der Vergangenheit erzielten Ergebnisse als auch deren Umfang in Bezug auf die einzelnen Bereiche und Tätigkeiten. Die einzelnen Bewertungen werden anschließend mit Prozentzahlen gleichgesetzt: A = 100 Prozent, B = 66 Prozent, C = 33 Prozent, D = 0 Prozent. Via Querschnittsbildung kann nun der Gesamterfüllungsgrad für das Kriterium »Kundenzufriedenheit« ermittelt werden.

Bewertungsstufe	Anforderungen an die Qualität der Ergebnisse	Anforderungen an den Umfang der Ergebnisse
A	Anhaltend hervorragende Leistungen seit mindestens 5 Jahren, ausgezeichnete Vergleiche mit eigenen Zielen und anderen Organisationen	Ergebnisse betreffen alle relevanten Bereiche und Tätigkeiten
B	Die meisten Ergebnisse weisen deutlich positive Trends und anhaltend hervorragende Leistungen seit mindestens 3 Jahren auf	Ergebnisse betreffen viele relevante Bereiche und Tätigkeiten
C	Einige Ergebnisse weisen einige positive Trends und zufriedenstellende Leistungen seit mindestens 3 Jahren auf	Ergebnisse betreffen einige relevante Bereiche und Tätigkeiten
D	Kaum Ergebnismessung, kaum positive Trends nachweisbar	Ergebnisse betreffen wenige Bereiche und Tätigkeiten

Abb. 6 Bewertungsmaßstab für die Ergebniskriterien des Excellence-Modells

Führt man die Selbstbewertung für alle Kriterien des EFQM Excellence Modells durch und gewichtet die ermittelten Erfüllungsgrade mit den im Modell angegebenen Prozentzahlen (☞ Abb. 3), erhält man ein Gesamtergebnis, das als Vegleichsmaßstab für die Selbstbewertung in den Folgejahren dient und für Vergleiche mit anderen Einrichtungen herangezogen werden kann.

Praxistipp

Vorteile der Selbstbewertung nach dem *EFQM Excellence Modell*:

- Stärken und Schwächen der Einrichtung aufdecken,
- Verbesserungsaktivitäten planen,
- Ziele genau definieren,
- über reproduzierbare Langzeit-Diagnosen verfügen,
- alle Bereiche und Ebenen einbeziehen,
- Fortschritte der gesamten Einrichtung erkennen,
- die Ergebnisse mit denen anderer Einrichtungen vergleichen, da das Bewertungsmodell europaweit anerkannt ist,
- branchenübergreifendes *Benchmarking*.

Exkurs: Benchmarking

Benchmarking ist eine wirkungsvolle Möglichkeit, die *Effizienz* der Geschäftsprozesse und der Produkte oder Dienstleistungen zu verbessern. Prozess-*Benchmarking* vergleicht die eigenen Prozesse mit denen anderer Einrichtungen, um daraus Verbesserungsmaßnahmen abzuleiten. Dabei werden sowohl Einrichtungen der gleichen Branche betrachtet – insbesondere hinsichtlich der branchenspezifischen Arbeitsprozesse und der *Produkte* (konkurrenzbezogenes oder branchenbezogenes *Benchmarking*) – als auch Institutionen anderer Branchen, die in bestimmten Bereichen herausragende Leistungen vorweisen können (branchenunabhängiges Bechmarking). Für eine pädagogische Einrichtung kann es z.B. durchaus sinnvoll sein, das eigene Weiterbildungsmanagement mit dem eines Industrieunternehmens zu vergleichen, um Anregungen für Verbesserungen zu erhalten.

Für ein erfolgreiches Prozess-*Benchmarking* müssen zwei Voraussetzungen erfüllt sein: Zum einen müssen Prozessbeschreibungen und *Kennzahlen* für die Geschäftsprozesse der eigenen Einrichtung vorliegen, zum anderen benötigt man entsprechende Vergleichsdaten von anderen Einrichtungen. Ähnliches gilt für das Produkt-*Benchmarking* bezüglich der Produktbeschreibungen und produktbezogenen *Kennzahlen*.

Die eigenen Basisdaten für das *Benchmarking* liefern das Qualitätsmanagement, das Produktmanagement und das Controlling: Das Qualitätsmanagement steuert die Prozessbeschreibungen bei, das Produktmanagement die Produktbeschreibungen und das Controlling die zu den Prozessen gehörenden Leistungs*kennzahlen*. Vergleichs*kennzahlen* anderer Organisationen zu erhalten, das ist im Bereich der pädagogischen Dienstleistungen noch sehr schwierig, da solche Zahlen nur selten erhoben und kaum zur Verfügung gestellt werden. In der produzierenden Wirtschaft übernehmen oft Branchenverbände die Aufgabe, *Kennzahlen* ihrer Mitglieder zu ermitteln und die jeweiligen Durchschnittswerte zu veröffentlichen. So haben die Mitglieder die Möglichkeit, die eigenen *Kennzahlen* mit den Durchschnittswerten der Branche zu vergleichen und eigene Stärken oder Schwächen aufzudecken. Ansatzpunkte zur Prozess- oder Produktoptimierung lassen sich auf diese Weise allerdings nur schwer ableiten.

Eine bessere Möglichkeit bietet die Teilnahme an landes-, bundes- oder europaweiten Qualitätswettbewerben, z.B. dem deutschen Ludwig-Erhard-Preis oder dem European Quality Award. Nicht allein, dass die solchen Preisen zugrunde liegenden Führungsphilosophien und Managementkonzepte für die Ausrichtung eigener Kriterien herangezogen werden können – alle Teilnehmenden führen eine systematische Bewertung ihrer Einrichtungen oder Unternehmen nach identischen Kriterien durch. Dies ermöglicht, die eigenen Leistungen mit denen anderer zu vergleichen.

3.1.3 Schwachstellen identifizieren

Mit Hilfe der Evaluation lassen sich Schwachstellen erkennen. Anhand der aktuellen Selbstbewertungsergebnisse und der Ergebnisse der Vorjahre können Problemfelder identifiziert werden, die im kommenden Jahr zu verbessern sind. Handlungsschwerpunkte sollten dabei insbesondere diejenigen Kriterien sein, deren Bewertung sich gegenüber dem Vorjahr verschlechtert hat oder generell sehr niedrig ausgefallen ist. Die fiktive Bewertung des Kriteriums »Kundenzufriedenheit« in zwei aufeinanderfolgenden Jahren soll dies verdeutlichen (☞ Abb. 7).

Abb. 7 zeigt: Die Aussage »Die Ergebnisse der Kundenzufriedenheitsmessung weisen bezüglich der Kundenbetreuung eine positive Entwicklung auf« ist im Jahr 2 schlechter bewertet worden als im Jahr 1. Dies weist eindeutig auf einen Ansatzpunkt für Verbesserungen hin. Im nächsten Schritt müssen die Ursachen für die schwache Bewertung

Aspekte des Kriteriums »Kundenzufriedenheit«	Jahr 1	Jahr 2
Die Organisation ermittelt regelmäßig Daten über die Zufriedenheit der Kunden mit den Produkten/Dienstleistungen (z.B. aus Umfrageergebnissen, Beschwerden, Belobigungen, Anzahl von Kündigungen aufgrund von Unzufriedenheit mit der Organisation etc.).	B	B
Die Ergebnisse der Kundenzufriedenheitsmessung werden bezogen auf die einzelnen Produkte/Dienstleistungen ausgewertet und verglichen. Ggf. werden geeignete Verbesserungsmaßnahmen abgeleitet.	D	C
Die Ergebnisse der Kundenzufriedenheitsmessung weisen bezüglich der Kundenbetreuung eine positive Entwicklung auf.	B	C
Es erfolgt eine ständige Verbesserung der für die Kundenzufriedenheitsmessung eingesetzten Instrumente (z.B. Fragebögen etc.).	B	A

Abb. 7 Fiktive Bewertung des Ergebniskriteriums »Kundenzufriedenheit« nach dem Bewertungsmaßstab (vgl. Abb. 6)

ermittelt und analysiert werden, um als Basis für eine neue Zielformulierung zu dienen.

In der Praxis hat sich das 1943 von Kaoru Ishikawa entwickelte Ursache-Wirkungsdiagramm bewährt, um Ursachen ermittelter Schwachstellen transparent zu machen. Das Ursache-Wirkungsdiagramm hilft bei der systematischen Analyse der Ursachen für festgestellte Probleme (Wirkungen). In einem *Brainstorming* werden mögliche Problemursachen gesammelt und den vier Einflussfaktoren »Mensch«, »Methode«, »Material« und »Maschine« zugeordnet. Evtl. vorhandene Abhängigkeiten werden abgebildet (☞ Abb. 8).

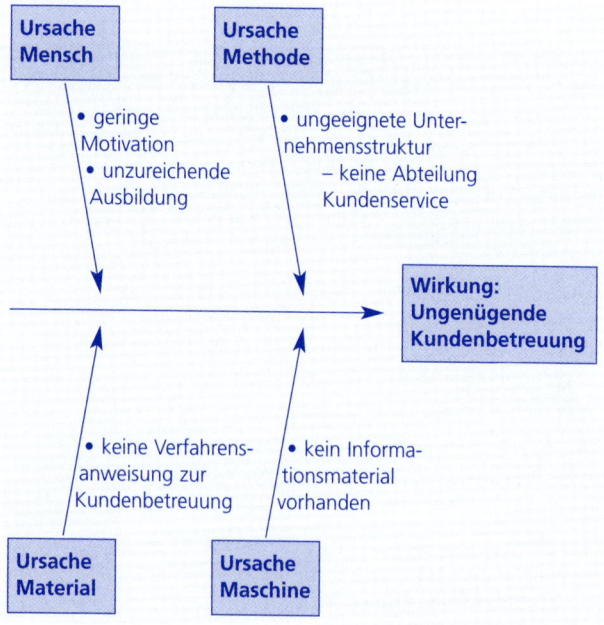

Abb. 8   Ursache-Wirkungsdiagramm am Beispiel »Kundenbetreuung« (nach Kaoru Ishikawa)

Praxistipp

Übertragen auf den pädagogischen Dienstleistungsbereich können die Bezugsgrößen des Ursache-Wirkungsdiagramms Mensch, Methode, Material und Maschine wie folgt interpretiert werden:
- Mensch: Beschäftigte, Führungskräfte, Kunden ...
- Methode: Arbeitsgrundlagen, Konzeptionen, Strukturen, Instrumente ...
- Material: Handbücher, Verfahrens- und Arbeitsanweisungen, Regelungen ...
- Maschine: Arbeitsräume, Ausstattung, EDV ...

Ziele ableiten

3.1.4

Die identifizierten Schwachstellen und deren Ursachen dienen als Basis für die Ableitung von Zielen für das kommende Jahr (☞ Abb. 9).

Praxistipp

Ziele sollen
- eindeutig sein und dürfen keinen Interpretationsspielraum bieten, damit es nicht zu Missverständnissen kommt.
- messbar sein, um überprüfen zu können, ob sie erreicht worden sind.
- transparent, nachvollziehbar und akzeptiert sein, damit die Beteiligten motiviert sind.
- zum einen herausfordern, zum anderen mit normalem Arbeitsaufwand erreichbar sein, damit Frustration oder Überbelastung vermieden wird.
- nicht miteinander konkurrieren, um Zielkonflikte zu vermeiden, bei denen die Erfüllung des einen Ziels das

Erreichen des anderen Ziels ausschließt. Deshalb empfiehlt es sich, im Vorfeld zu überpürfen, ob Ziele einander beeinflussen.

- quantitativ überschaubar sein. Es gilt die Regel »Weniger ist mehr« – zum einen im Sinne der Konzentration
auf das Wesentliche, zum anderen, um Komplexität zu
reduzieren. Zu viele und unübersichtlich formulierte
Ziele erschweren die Maßnahmenplanung. Also lieber
wenige Ziele setzen, um sie mit Nachdruck verfolgen
und unaufwändig überprüfen zu können, ob sie erreicht wurden.

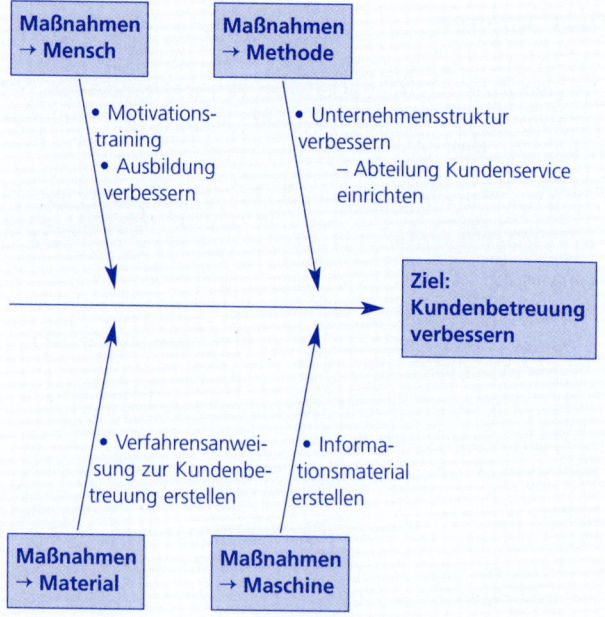

Abb. 9 Ableitung von Zielen und Maßnahmen aus dem Ursache-
Wirkungsdiagramm am Beispiel »Kundenbetreuung«

Nachdem die übergeordneten Ziele festgelegt wurden, werden sie auf die Bereiche oder Abteilungen aufgeschlüsselt. Bei der Festlegung der Bereichsziele steht die Frage im Vordergrund, was jeder einzelne Bereich beitragen kann oder muss, um das übergeordnete Ziel zu erreichen. Die Bereichsziele dienen als Vorgabe für das operative Controlling, das überwacht, ob sie erreicht werden.

Indikatoren und Kennzahlen festlegen

Die Festlegung von geeigneten *Kennzahlen* zur Messung der Zielerreichung ist eine schwierige Aufgabe, die aber den Erfolg der Strategie maßgeblich bestimmt. Oft werden erst bei der Formulierung von Indikatoren Zielkonflikte transparent, oft können Ziele erst dann exakt bestimmt werden. Indikatoren zu finden und zu formulieren, das erfordert in jedem Einzelfall viel Energie und Kreativität, insbesondere bei pädagogischen Zielstellungen. Abb. 10 verdeutlicht die Indikatorenfindung am Beispiel »Kundenbetreuung«.

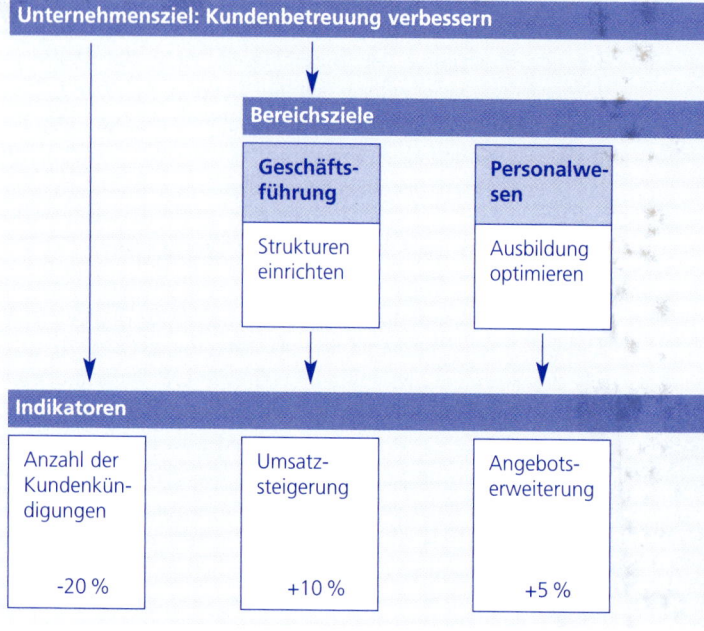

Abb. 10 Ableiten von Bereichszielen und Indikatorenfindung am Beispiel »Kundenbetreuung«

Nachdem geeignete Indikatoren zu den Einrichtungs- und Bereichszielen identifiziert wurden, müssen dafür Soll-*Kennzahlen* festgelegt werden, die zwar herausfordern, aber mit vertretbarem Aufwand erreicht werden können.

Sind alle Bereichsziele definiert, durch geeignete Indikatoren beschrieben und mit erreichbaren *Kennzahlen* versehen, werden sie mit den Beschäftigten auf der jährlich stattfindenden Bereichsklausur für das nächste Jahr verbindlich vereinbart. Ressourcen, die benötigt werden, um die Ziele zu

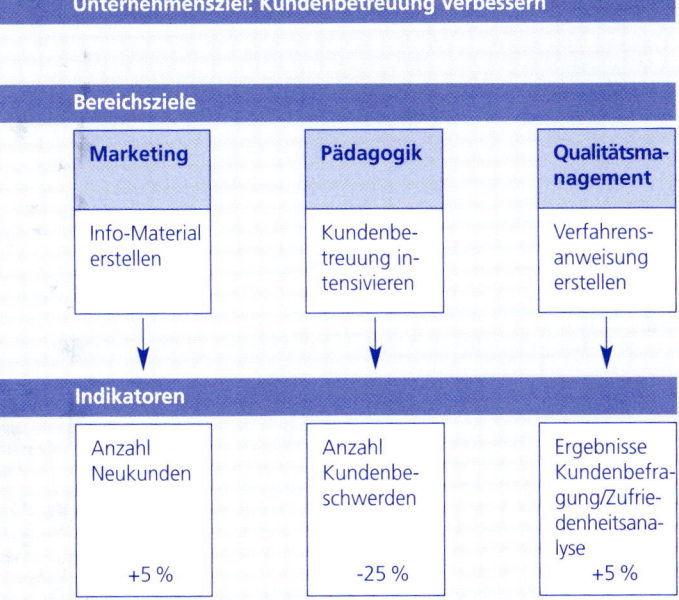

erreichen, und die von der Leitung bereitgestellt werden müssen, werden bei der Planung der einzelnen Maßnahmen ermittelt und in den Haushalt für das kommende Jahr aufgenommen. Das operative Controlling (☞ Kap. 3.2) überwacht die Entwicklung der Kennzahlen im Hinblick auf die Erreichung der Einrichtungs- und Bereichsziele und sorgt dafür, dass die vorliegenden Daten zur Durchführung von Benchmarkings genutzt werden können.

Praxistipp

Indikatoren sollen

- in möglichst enger Wechselbeziehung mit dem zu erreichenden Ziel stehen. Vielfach ist es sinnvoll, mehrere Indikatoren für ein Ziel zu verwenden.
- eindeutig, leicht verständlich und nachvollziehbar sein.
- messbar, also durch eine Zahl ausdrückbar sein.
- rechtzeitig verfügbar sein und frühzeitig auf Abweichungen hinweisen.
- verlässlich und vergleichbar sein.
- vom Controlling ohne unverhältnismäßig hohen Aufwand erhoben werden können.

3.1.6 Planung dauerhaft sichern

Neben der Überprüfung, ob die Ziele erreicht wurden, ist es Aufgabe des Controllings, alle Daten zu überwachen, die als Entscheidungsgrundlage für die strategische Planung verwendet werden. Dafür muss das Controlling geeignete Prozesse definieren, die die systematische Beobachtung des Umfelds der Einrichtung – Markt, Kunden, Wettbewerb, Forschung und Entwicklung sowie staatliche Rahmenbedingungen – sichern. Bei der Umsetzung dieser Prozesse sind alle betreffenden Bereiche einzubeziehen, die spezifische Informationen zum Umfeld der Einrichtung erhalten. Die Bereiche sammeln diese Informationen und übermitteln sie dem Controlling, das die Daten auswertet und sie statistisch aufbereitet.

Sollten sich Planungsgrundlagen so verändern, dass die festgelegte Strategie sich nicht mehr eignet, um die Ziele zu erreichen, nimmt das Controlling gemeinsam mit der Geschäftsführung die nötigen Korrekturen vor. In der Praxis

Praxistipp

Für die Überwachung relevante Planungsdaten:
- Auslastungsgrad von Einrichtungen;
- *Deckungsbeitrag* der *Produkte*;
- Entwicklung der Kundenzufriedenheit, z.B. per Umfrage;
- Anzahl der Neukunden und Kundenkündigungen;
- Entwicklung des Marktanteils;
- neue Produkt- oder Dienstleistungsangebote von Wettbewerbern;
- neue wissenschaftliche Erkenntnisse, die die angebotenen *Produkte* oder Dienstleistungen betreffen;
- Gesetzesänderungen, die die Einrichtung betreffen.

hat es sich bewährt, Eingriffsgrenzen zu definieren, bei deren Überschreitung die Strategie der Einrichtung überprüft werden muss.

3.1.7 Strategisches Controlling auf einen Blick

In der Tab. 1 sind alle Tätigkeiten im Rahmen des strategischen Controllings mit Ergebnissen, Verantwortlichkeiten und Umsetzungszeiträumen aufgeführt.

Phase	Zeitraum	Tätigkeit	
1	Jahresende	Aktualisierung von Leitbild, Vision und Qualitätspolitik	
2	Jahresende (Workshop)	Selbstevaluation der Einrichtung	
3	Jahresende (Workshop)	Identifikation von Schwachstellen und deren Ursachen	
4	Jahresende (Workshop)	Ableiten von Zielen für das Folgejahr	
5	Jahresende (Workshop)	Ermittlung geeigneter Indikatoren und Festlegung von *Kennzahlen* für die Messung der Zielerreichung	
6	laufend	Überwachung der Planungsgrundlagen zu Phase 1	

Tab.1   Strategisches Controlling

Ergebnis	verantwortlich	Zuarbeit des Controllings
aktuelles Leitbild, aktuelle Vision und Qualitätspolitik	Geschäftsführung, Bereichsleitung	Sammlung, Auswertung und Bereitstellung der benötigten Daten
Selbstevaluation mit visualisierten Stärken und Schwächen der Einrichtung	Geschäftsführung, Bereichsleitung	Sammlung, Auswertung und Bereitstellung der für die Bewertung benötigten Unterlagen wie *Kennzahlen*, Umfrageergebnisse
Schwachstellen der Einrichtung und deren Ursachen	Geschäftsführung, Bereichsleitung	Sammlung, Auswertung und Bereitstellung der benötigten Daten
Ziele für das Folgejahr	Geschäftsführung, Bereichsleitung	Sammlung, Auswertung und Bereitstellung der benötigten Daten
Quantifizierte Ziele mit Indikatoren und SOLL-*Kennzahlen*	Geschäftsführung, Bereichsleitung	Leitung bei der Indikatorenauswahl, evtl. Aufnahme neuer *Kennzahlen* in das *Berichtswesen*
Evtl. Anpassung der Planung	Controlling	–

3.2 Operatives Controlling

Im Gegensatz zum strategischen Controlling konzentriert sich das operative Controlling auf die kontinuierliche Überwachung der aktuellen *Kennzahlen* in Bezug auf die Ziele der Einrichtung. Für alle betreffenden Ebenen und Bereiche der Einrichtung werden Maßnahmenpläne in geeignetem Detaillierungsgrad erarbeitet, umgesetzt und vom Qualitätsmanagement überwacht. Parallel dazu überprüft das Controlling anhand der definierten Indikatoren, ob die Ziele erreicht wurden, wertet die dafür erforderlichen Ist-*Kennzahlen* aus dem *Berichtswesen* aus und bereitet sie auf. Bei Ziel-Abweichungen ergreift das Controlling geeignete Korrekturmaßnahmen.

Abb. 11 Operatives Controlling

Maßnahmenpläne aufstellen

3.2.

Nachdem alle Ziele formuliert und mit Indikatoren und *Kennzahlen* versehen wurden, müssen Maßnahmenpläne aufgestellt werden, mit deren Hilfe die Ziele erreicht werden können. Diese Pläne umfassen alle Maßnahmen, die im kommenden Jahr durchgeführt werden sollen, und zwar mit Terminen und Verantwortlichkeiten für alle Ebenen und Bereiche der Einrichtung.

Praxistipp

In der Praxis hat sich für die Entwicklung von Maßnahmenplänen das folgende Verfahren bewährt:
- Während eines Workshops werden die groben Maßnahmen für jedes Ziel von der Geschäftsführung und der Bereichsleitung festgelegt und terminiert.
- Sich an diesen groben Maßnahmen orientierend, legen alle Bereichsleiter anschließend die Maßnahmen für ihre eigenen Bereiche zu jedem Ziel detailliert fest.
- Die einzelnen Abteilungen erarbeiten im Rahmen von Workshops Abteilungsmaßnahmenpläne, die auf den Bereichmaßnahmenplänen basieren.
- Alle Maßnahmenpläne werden schriftlich dokumentiert und von der nächsthöheren Ebene freigegeben.
- Freigabe der Abteilungsmaßnahmenpläne: Bereichsleiter
- Freigabe der Bereichsmaßnahmenpläne: Geschäftsführung

3.2.2 Überwachung der Umsetzung von Maßnahmen

Es ist zweckmäßig, die Überwachungsaufgaben zwischen dem Qualitätsmanagement und dem Controlling klar aufzuteilen: Das Controlling ist für die Überwachung anhand von *Kennzahlen* zuständig, das Qualitätsmanagement überprüft die termingerechte Umsetzung der Maßnahmen.

Für die Umsetzung der in den Maßnahmenplänen festgelegten Maßnahmen sind die Bereichs- oder Abteilungsleiter verantwortlich. In einer monatlichen Zusammenkunft unterrichten alle Bereiche und Abteilung das Qualitätsmanagement über den Stand der Maßnahmenumsetzung und begründen evtl. aufgetretene Terminüberschreitungen. Diese Berichte werden vom Qualitätsmanagement analysiert, ausgewertet und quartalsweise veröffentlicht. Nicht eingegangene Berichte werden nachgefordert.

In regelmäßigen Abständen überprüft das Qualitätsmanagement die Umsetzung der Maßnahmen im Rahmen von Audits und Hospitationen vor Ort. Führen Maßnahmen nicht zu den gewünschten Ergebnissen, werden die gesetzten Ziele nicht erreicht, vereinbaren die Bereichsleitung und das Qualitätsmanagement gemeinsam neue, besser geeignete Maßnahmen. Nach der Umsetzung dieser neuen Maßnahmen wird ihr Erfolg durch ein internes Audit wiederum überprüft. Sollten neu festgelegte Maßnahmen die Ermittlung von neuen *Kennzahlen* erfordern, werden sie in enger Zusammenarbeit mit dem Controlling erhoben.

3.2.3 Überwachung der Erreichung von Zielen

Zu den Hauptaufgaben des Controllings zählt die Erhebung von *Kennzahlen* sowie deren Analyse und Auswertung im Rahmen der Zielüberwachung. Um zu sichern, dass die Einrichtung ihre Ziele erreicht, erfasst das Controlling kontinuierlich die Ist-*Kennzahlen* zu allen definierten Zielindikatoren.

Monatlich melden alle betreffenden Abteilungen oder Bereiche ihre Ist-Daten dem Controlling. Das Controlling hat die Pflicht, nicht eingegangene Daten bei den säumigen Bereichen einzufordern.

Auf Basis der erhaltenen *Kennzahlen* erarbeitet das Controlling Auswertungen, die die Ist-*Kennzahlen* mit den festgelegten Soll-Werten abgleichen. Sind auffällige Ziel-Abweichungen zu erkennen, klärt das Controlling die Ursachen und leitet – ggf. in Zusammenarbeit mit der Geschäftsführung – geeignete Korrekturmaßnahmen ein.

In der Praxis hat es sich bewährt, Controllingberichte quartalsweise aufzustellen und zu veröffentlichen. Dies sorgt nicht nur für Transparenz, was die Arbeit des Controlling und den Stand der Zielerreichung in der Einrichtung betrifft, sondern auch für hohe Akzeptanz unter den Beschäftigten.

3.2.4 Operatives Controlling auf einen Blick

In der Tab. 2 sind alle Tätigkeiten im Rahmen des operativen Controlling mit Ergebnissen, Verantwortlichkeiten und Umsetzungszeiträumen aufgeführt.

Phase	Zeitraum	Tätigkeit	
1	Jahresende	Aufstellen von Maß-nahmenplänen zur Zielerreichung	
2	laufend	Überwachung der Umsetzung von Maßnahmen durch Audits, evtl. Einleitung von Korrekturmaßnahmen	
3	laufend	Überwachung der Zielerreichung durch den Vergleich von IST- und SOLL-*Kennzahlen*, evtl. Einleitung von Korrekturmaßnahmen	

Tab. 2   Operatives Controlling

Ergebnis	verantwortlich	Zuarbeit des Controllings
Maßnahmenpläne für alle relevanten Bereiche und Abteilungen	Geschäftsführung, Bereichsleitung	Integration aller Bereiche oder Abteilungen ins *Berichtswesen*, um die Zielerreichung zu überwachen
Bericht zur Umsetzung von Maßnahmen	Qualitätsmanagement	Bereitstellung von *Kennzahlen* und anderen Daten für das Qualitätsmanagement
Bericht zur Zielerreichung	Controlling	Sammlung und Auswertung der IST-*Kennzahlen* aus den Bereichen und Abteilungen

4. Controlling der pädagogischen Leistungen

Die zentrale Frage beim Thema »Controlling in Kindereinrichtungen« ist: Welchen konkreten Nutzen bringt unsere Tätigkeit dem Kind? Anders gefragt: Welche Ergebnisse des pädagogischen Prozesses werden – optimale Rahmenbedingungen, einen guten Personalschlüssel, hochwertig ausgestattete Räume, die wirtschaftliche Sicherung durch ein Leistungs*kennzahlen*system vorausgesetzt – in der Praxis sichtbar?

An diese Überlegung könnte eine Gegenfrage anschließen: Ist es überhaupt möglich, den Alltag pädagogischer Arbeit in einer für ein Controllingsystem nutzbaren Form zu erfassen? Oder ist der Versuch, pädagogischen Erfolg in Zahlen zu messen, nicht von vornherein zum Scheitern verurteilt, weil er dem prozesshaften Charakter des Feldes Pädagogik nicht gerecht wird?

Um ein häufiges Missverständnis gar nicht erst aufkommen zu lassen: Die Wirksamkeit guter Pädagogik ist allenfalls durch Längsschnittstudien messbar, die untersuchen, welche Wirkungen pädagogischer Zielsetzungen bei Kindern nach langer Zeit noch sichtbar sind. Hier geht es aber um die alltägliche Steuerung der pädagogischen Arbeit, und für diese Prozesse sind andere Daten und Auswertungen entscheidend. Wir brauchen Controllinginstrumente, die sichtbar und messbar machen, wie Rahmenbedingungen geschaffen, genutzt und verbessert werden, um das Konzept oder die Ziele der Einrichtung konsequent umzusetzen. Unsere Instrumente erfassen den unmittelbaren Niederschlag der pädagogischen Arbeit in der Wahrnehmung der Beteiligten an diesem Prozess – pädagogisches Personal, Kinder und Eltern –, um aus diesen Informationen ein Gesamtbild über die Schwächen und Stärken der Einrichtung zu gewinnen.

Ergebnis einer strukturierten Stärken- und Schwächenanalyse ist immer die Festlegung von klaren Zielen für Verbesserungsschritte. Dies ist zugleich eine grundlegend pädagogische Zielsetzung: Wir wollen, dass ein Mensch oder mehrere Menschen, eine Einrichtung oder ein Unternehmen etwas lernen, um Handlungsspielräume zu erweitern. Dafür müssen wir vorhandene Kompetenzen ermitteln und Gebiete suchen, auf denen Kompetenzen sich weiterentwickeln können. Kurz: Lernen mit Zielen.

Dieser Grundgedanke wird auf unterschiedliche Ebenen übertragen: von der pädagogischen Evaluation aller Einrichtungen des Trägers über das Controlling einzelner Einrichtungen bis hin zum pädagogischen Überblick über die Entwicklung und Förderung eines Kindes, den das Entwicklungsbuch ermöglicht. All dies ist Controlling, all dies ist Pädagogik.

Die pädagogische Evaluation   4.1

Wo steht unsere Einrichtung, welchen Qualitätsstand haben wir erreicht, auf welchen Gebieten pädagogischen Handelns kann sich unsere Einrichtung verbessern? Neben der alltäglichen Einschätzung der geleisteten Arbeit brauchen Teams und Träger pädagogischer Einrichtungen ab und an einen Gesamtblick auf die Stärken und Schwächen ihrer Arbeit. Dies ermöglicht das Verfahren der pädagogischen Evaluation, ein turnusmäßig eingesetztes Instrument, das Aufschluss über den Umsetzungsgrad des pädagogischen Konzepts einer Einrichtung oder eines Trägers gibt.

In der pädagogischen Evaluation ermitteln die Mitglieder des Pädagogenteams aufgrund eigener Einschätzungen Schwachstellen und Stärken in der Tätigkeit ihrer Einrichtung. Ziel ist es, herauszufinden, in welchen Bereichen der pädagogischen Arbeit das Team intensiver arbeiten muss, um dem Konzept der Einrichtung optimal zu entsprechen.

4.1.1 Qualitätsindikatoren ableiten

Voraussetzung für die Evaluation: Auf der Grundlage des pädagogischen Konzepts der Einrichtung oder des Trägers muss ein Katalog von Qualitätsindikatoren entwickelt worden sein. Zu jedem wichtigen Handlungsfeld pädagogischen Arbeitens müssen also Standards existieren, aus denen konkrete Überprüfungsfragen abgeleitet werden können – die Indikatoren für erreichte oder nicht erreichte Qualitätsanforderungen. Je detaillierter einzelne Handlungsfelder aus dem Konzept des Trägers beschrieben wurden, je mehr Qualitätsindikatoren oder Überprüfungsfragen für jedes Hand-

Praxistipp

Organisation der pädagogischen Evaluation:
- Die Evaluation findet zu einem jährlich wiederkehrenden Termin statt, um aktuelle Ergebnisse mit denen der Vorjahre vergleichen zu können.
- Als Grundlage der Evaluation werden Kataloge mit Überprüfungsfragen verwendet, die über mehrere Jahre hinweg gültig sind.
- Die Kataloge sind in Themenbereiche gegliedert, um den pädagogischen Erfolg in verschiedenen Handlungsfeldern vergleichen zu können.
- In allen beteiligten Einrichtungen findet die Evaluation parallel statt, um die Ergebnisse der Einrichtungen miteinander vergleichen zu können.
- An der pädagogischen Evaluation nehmen alle Mitglieder des Teams teil, um größtmöglichen Konsens über die getroffene Selbsteinschätzung zu erzielen.

Praxisbeispiel

Handlungsfelder aus dem KLAX-Kindergartenhandbuch, Beispiel Kap. 3, Themenbereich »Gemeinschaft und Individualität«

3.1   Das Prinzip der gruppenoffenen Arbeit bei KLAX im Kindergarten

3.2   Das Bezugsgruppensystem

3.3   Altersgemischte und altersgetrennte Phasen

3.4   Die Beziehung zwischen Pädagogen und Kindern

3.5   Die Beziehungen der Kinder untereinander

3.6   Regeln in der Gruppe

3.7   Rituale

3.8   Partizipation

3.9   Umgang mit Aggressionen und Konflikten

3.10   Gemeinsames Tätigsein für die Gruppe

3.11   Multikulturelles Zusammenleben

3.12   Umgang mit auffälligem Verhalten bei Kindern

3.13   Integration von Kindern mit Behinderung

3.14   Die Eingewöhnung neuer Kinder

3.15   Im Nestraum

3.16   Der Übergang vom Nestraum in die offene Gruppe

lungsfeld entwickelt wurden, desto umfassendere und tiefgreifendere Ergebnisse kann die Evaluation liefern.

Gleichzeitig gilt: Je mehr Handlungsfelder in Form von Qualitätsindikatoren aufgelistet sind, desto leichter lässt sich aus dem Konzept der Einrichtung ein alltäglich einsetzbares Arbeitshandbuch entwickeln, in dem die Beschäftigten immer wieder nachschlagen können, um zu überprüfen, ob sie alles Erforderliche für die Umsetzung des Konzepts tun. Es empfiehlt sich, die im Arbeitshandbuch beschriebenen Handlungsfelder übersichtlich zu sortieren, so dass bei der Evaluation nicht nur der Qualitätsstand in einzelnen Handlungsfeldern festgestellt, sondern auch mit anderen Handlungesfeldern oder den Ergebnissen aus vorangegangenen Jahren verglichen werden kann.

4.1.2 Überprüfungsfragen festlegen

Für die Evaluation werden Überprüfungsfragen benötigt, um die Qualität der Arbeit in Bezug auf jedes Handlungsfeld detailliert und umfassend einschätzen zu können. Von Bedeutung für das Gelingen der Evaluation ist, ob die gewählten Überprüfungsfragen wirklich alle wesentlichen Aspekte beinhalten, die gute pädagogische Arbeit im jeweiligen Handlungsfeld ausmachen.

Beim Verfassen von Überprüfungsfragen muss selbstkritisch gefragt werden: Wenn wir alle Fragen mit Ja beantworten – können wir uns dann wirklich sicher sein, hohe pädagogische Qualität in diesem Handlungsfeld erreicht zu haben?

Praxistipp

Die Auswertung mit Überprüfungsfragen:

- Alle wesentlichen Aspekte, mittels derer man erkennen kann, ob der Standard in diesem Handlungsfeld umgesetzt ist, werden als Frage benannt.
- Um Ja-/Nein-Antworten mit Zahlen auswerten zu können, empfiehlt es sich, in ihrer Bedeutung etwa gleich wichtige Überprüfungsfragen zu wählen. Es ist ungünstig, wenn einzelne Fragen wesentlich höhere Bedeutung für die Umsetzung des pädagogischen Standards in einem Handlungsfeld haben als andere.
- Die Fragen müssen klar mit ja oder nein zu beantworten sein. Auslegbare Formulierungen sollten deshalb zugunsten klar abrechenbarer Festlegungen vermieden werden. (Klar formuliert: Finden mindestens monatlich Ausflüge statt? Auslegbar: Finden regelmäßig Ausflüge statt?)

Überprüfungsfragen als Qualitätsindikatoren zum Handlungsfeld 3.6 »Regeln in der Gruppe« aus dem KLAX-Kindergartenhandbuch

3.6   Regeln in der Gruppe

Um in der Gruppe miteinander gut auszukommen, bedarf es Regeln in der Kindergartenfamilie. Je mehr die pädagogischen Fachkräfte die Gestaltung des Alltags im Kindergarten den Kindern übertragen, um so wichtiger werden Regeln, die von allen Kindern mitgetragen und akzeptiert werden. Die Regeln müssen also gemeinsam ausgehandelt werden. Dieses Aushandeln von Regeln sollte immer im Zusammenhang mit eindringlichen Situationen (Konflikte unter Kindern, Gefahrensituationen) stattfinden: Für Kindergartenkinder ist es noch schwierig, abstrakte Regelungen ohne Bezug zur realen Situation zu verstehen.

Werden Regeln gemeinsam ausgehandelt, können Kinder sie auch hinterfragen. Die pädagogischen Fachkräfte sollten sich also in die Regelfindung mit ihren Anforderungen hinsichtlich Gefahrenabwehr und Aufsichtspflicht einbringen und verständlich und einsehbar erläutern, warum eine Situation der Regelung bedarf.

Überprüfungsfragen:

* Werden Regeln gemeinsam von allen betreffenden Kindern ausgehandelt?
* Werden Regeln immer im Zusammenhang mit aktuellen Vorfällen im Kindergartenalltag erarbeitet?
* Können getroffene Regelungen regelmäßig überprüft und gegebenenfalls verändert werden?
* Werden Regeln im Bewusstsein der Kinder verankert, indem sie in altersgerechter Form aufgezeichnet und ausgehängt (Regelplakate mit Bildsymbolen als Erinnerung) oder sprachlich ritualisiert werden (»Hand heben und Stop sagen«)?

4.1.3 Verwertbare Zahlenwerte zuordnen

Mittels der Ja-/Nein-Antworten auf die Überprüfungsfragen kann das Team in der Selbstevaluation einschätzen, wie weit der im Handlungsfeld beschriebene Standard umgesetzt worden ist. In der Praxis hat es sich bewährt, zu jedem Handlungsfeld eine Einschätzung auf einer Skala mit Prozentangaben von 0 bis 100 Prozent in 20er-Schritten vorzunehmen. Solche Skalen ermöglichen es den mit der Auswertung der Evaluation betrauten Mitarbeitern, mittels Diagrammen klaren Aufschluss über Schwachstellen und Stärken des Teams zu geben.

Damit die Evaluationsergebnisse nicht vom subjektiv gefärbten Blick eines besonders selbstkritischen oder unkritischen Teams geprägt sind, empfiehlt sich die parallele Evaluation jedes Teams durch ein Nicht-Mitglied. Sowohl Peer-Beurteilungen – zwei Teams bewerten sich jeweils selbst und gegenseitig – als auch Bewertung durch eine Fachberaterin oder Fachanleiterin eignen sich, um die Evaluationsergebnisse mehrerer Teams objektiver und miteinander vergleichbarer zu machen.

Praxistipp

Auswertung der Antworten auf die Überprüfungsfragen:

- Zu jedem Handlungsfeld kann nach dem Beantworten der Überprüfungsfragen eine Qualitätseinstufung als Zahlenwert vorgenommen werden.
- Geeignet sind Prozentskalen mit 20er-Schritten oder das Schulnotensystem.
- Neben jeder Selbsteinschätzung sollte eine Fremdeinschätzung erfolgen, um Einschätzungen zu objektivieren und sie miteinender vergleichbar zu machen.

Eltern und Kinder einbeziehen

4.2

Wenn alle Überprüfungsfragen beantwortet wurden und zu jedem Handlungsfeld eine Einschätzung vorliegt, weiß das Team, in welchen pädagogischen Handlungsfeldern es mit der geleisteten Arbeit zufrieden sein kann und wo Verbesserungsbedarf besteht. Ebenso ist erkennbar, in welchen Themenbereichen der erreichte Stand höher als in anderen ist. Bevor diese Einschätzung jedoch für die Maßnahmenplanung und damit für weitere Qualitätsoptimierung herangezogen wird, muss sie mit zwei wichtigen Perspektiven verglichen werden: mit der Sicht der Eltern und der Sicht der Kinder.

Die Einschätzung der Eltern

4.2.1

Während das Team seine Arbeit evaluiert, sollten die Eltern in einem Fragebogen um ihre Einschätzung gebeten werden. Damit die Ergebnisse des Elternfragebogens statistisch ausgewertet und mit den Ergebnissen der Team-Evaluation verglichen werden können, ist es sinnvoll, den Fragebogen für die Eltern inhaltlich auf die Gliederung des pädagogischen Handbuchs zu beziehen. Aus dessen Kapiteln oder Themenbereichen sollte jeweils eine Frage abgeleitet werden, die über die Sicht der Eltern Aufschluss gibt.

KLAX Kundenumfrage Kindergarten für das Jahr ...

Liebe Eltern,
es ist für uns sehr wichtig zu wissen, ob Sie mit unseren Angeboten zufrieden sind. Aus diesem Grund möchten wir Sie bitten, sich einen Moment Zeit zu nehmen und diesen Fragebogen auszufüllen. Damit helfen Sie uns die Qualität aus Sicht unserer Kunden einzuschätzen, Anregungen und Probleme zu erkennen und auf diese zu reagieren. Bitte bewerten Sie die Fragen von 1 (sehr gut) bis 5 (ungenügend).

Fragen	Bewertung
Fühlt sich Ihr Kind im Kindergarten wohl?	
Ist die Planung der pädagogischen Arbeit den Bedürfnissen der Kinder optimal angepasst, abwechslungsreich und förderlich?	
Sind Sie mit der Gestaltung der gruppenoffenen Arbeit zufrieden?	
Sind Sie mit der Bildungsarbeit im Kindergarten zufrieden?	
Finden Sie, dass Ihr Kind in seiner Entwicklung optimal gefördert wird?	
Sind Sie mit der Gestaltung des Tagesablaufs zufrieden?	
Finden Sie, dass Ihr Kind seinem Alter entsprechend optimal betreut ist?	
Sind Sie mit der Elternarbeit des Kindergartens zufrieden?	
Fühlen Sie sich von den Erziehern über die pädagogische Arbeit ausreichend informiert?	
Sind Sie mit der Qualität des Essens zufrieden?	
Haben Sie das Gefühl, dass Ihr Kind im Kindergarten gut aufgehoben ist?	

Abb. 12 Beispiel Kundenumfrage Kindergarten

Abb. 12 Fortsetzung

Würden Sie Ihr Kind wieder in einen KLAX-Kindergarten geben?

ja ☐   nein ☐   vielleicht ☐

Hier ist Platz für Ihre Erläuterungen und Anmerkungen

Freiwillige Angaben

Name:
Anschrift:
Alter des Kindes:

Vielen Dank für Ihre Mitarbeit!

Praxistipp

Die Elternbefragung:

- Wie die Selbstevaluation sollte auch die Elternbefragung statistisch auswertbar sein, um später Zahlenwerte miteinander vergleichen zu können.
- Klare Ja-/Nein-Antworten überfordern Eltern aufgrund ihres partiellen Einblicks in die alltägliche Arbeit des Kindergartens. Besser eignen sich die Prozentskala mit 20er-Schritten oder das Schulnotensystem.
- Ausreichend Platz für schriftliche Anmerkungen muss vorhanden sein, damit Eltern stark unter- oder überdurchschnittliche Einschätzungen begründen können.

Mittels Diagrammen – Tabellenkalkulationsprogramme wie Microsoft-Excel eignen sich dafür – kann die Elternbefragung ausgewertet und übersichtlich dargestellt werden. Die Diagramme ermöglichen Einschätzungen, mit welchen Themenbereichen pädagogischen Arbeitens die Eltern besonders zufrieden sind und wo sie Schwächen sehen. Darüber hinaus gestatten solche Diagramme auch vergleichende Auswertungen über die generelle Zufriedenheit der Eltern aller Einrichtungen eines Trägers.

4.2.2 Die Sicht der Kinder

Während das Auswerten von Elternfragebögen mittlerweile zum Standard qualitätsbewusst arbeitender Einrichtungen gehört, wird die Sicht der Kinder selten einbezogen. Da erhebt sich die Frage, ob das landläufige Verständnis, die Eltern als Kunden der Einrichtung zu sehen, nicht zu kurz greift. Zwar zahlen die Eltern, doch den Gegenwert dafür erhalten die Kinder. Sind demzufolge nicht eher sie es, die beurteilen sollten, ob sie mit dem Produkt Kindergarten zufrieden oder unzufrieden sind?

Gewiss müssen Abfragesysteme über die Zufriedenheit mit den Leistungen der Einrichtung genau auf die Perspektive und Wahrnehmungsweise der Kinder abgestimmt werden, um diese nicht zu überfordern. Aber ist das bei Eltern anders?

Neben der Überlegung, durch Kinderbefragungen eine scharfe Innensicht auf die Einrichtung zu erhalten, soll ein pädagogisches Argument nicht ungenannt bleiben: Befragungen über die Qualität ihrer Einrichtung helfen Kindern, eine kritisch reflektierende Distanz zu einem wichtigen Abschnitt ihres Alltagslebens zu entwickeln. Wenn sie beurteilen, wie ihnen ihr Kindergarten gefällt, merken sie, dass er auch anders sein könnte, also veränderbar ist, und dass sie sich mit ihren Interessen in den Prozess der Qualitätsverbesserung fordernd einbringen können.

Die Kinderbefragung:

- Als Befragungsinstrument eignet sich ein überschaubarer Fragebogen (☞ Abb. 13) mit kindgemäß formulierten Fragen.
- Die Anlehnung an die Struktur des Elternfragebogens ist sinnvoll, um beide Sichten miteinander vergleichen zu können.
- Als Antwortmöglichkeit empfiehlt sich eine mehrstufige Antwortskala. Allerdings sollten die Zahlenwerte in Wörter umgewandelt werden, z.B. 100 Prozent = ja, 80 Prozent = meistens ... 20 Prozent = ganz selten, 0 Prozent = nein.
- Es ist günstig, Fragen immer mit erläuternden Gegenfragen zu kombinieren. Beispiel: Fühlst du dich in deiner Bezugsgruppe wohl? Oder spielst du lieber in der offenen Gruppe?
- Offene Fragen, die statistisch auswertbar sind, bringen generell interessantere Antworten als Ja-/Nein- oder Skalenantworten. Beispiel: Welche Raum magst du besonders gern?
- Werden Fragebögen im Gespräch beantwortet, kommt es auf die Gestaltung der Interviewsituation an. Es empfiehlt sich, unabhängige Personen, z.B. eine Praktikantin, die Leiterin oder Eltern, als Interviewer einzusetzen, um zu vermeiden, dass Sympathie oder Antipahie die Antworten färbt, z.B. »Bei dir im Atelier gefällt es mir besonders gut.« Die Kinder sollten außerdem einzeln befragt werden, damit sie sich nicht gegenseitig beeinflussen.

Allgemeine Angaben
Kindergarten:
Alter des Kindes:
Ausgefüllt durch: am:

Fragen	Bewertung	
1. Gehst du gerne zum KLAX-Kinder-garten ?	☐ ja ☐ meistens	☐ selten ☐ nein
2. Wenn wir etwas zusammen machen, macht dir das Spaß?	☐ ja ☐ meistens	☐ selten ☐ nein
3. Wenn du einen Wunsch oder eine Idee hast, wird er dann erfüllt?	☐ ja ☐ meistens	☐ selten ☐ nein
4. a) Fühlst du dich in deiner Bezugs-gruppe (wenn wir im Morgenkreis unter uns »Großen« sind / mit den anderen Vorschulkindern) besonders wohl? b) Oder gefällt es dir besser, wenn du mit allen Kindern zusammen spielen kannst?	☐ ja ☐ meistens	☐ selten ☐ nein
5. a) Findest du, dass ihr Kinder gut miteinander klar kommt? b) Oder stört dich, dass es zu oft Streit gibt?	☐ ja ☐ meistens	☐ selten ☐ nein
6. a) Magst du es, wenn ihr viel Zeit habt, um alleine zu spielen? b) Oder machst du lieber Sachen mit den Erziehern zusammen?	☐ ja ☐ meistens	☐ selten ☐ nein

Abb. 13 Fragebogen für eine Kinderbefragung in KLAX-Kindergärten

Abb. 13 Fortsetzung

Fragen	Bewertung		
7. Gibt es für dich viele interessante Sachen zu lernen?	☐ ja ☐ meistens		☐ selten ☐ nein
8. Welche Angebote (Atelier, Musik, Bewegung, Experimentieren, Gesellschaft - *hier besser den Namen der Erzieherin verwenden*) machst du besonders gerne?			
9. a) Wir machen an jedem Tag ganz unterschiedliche Sachen zusammen. Morgens gibt es Frühstück, dann Morgenkreis, dann Angebote, dann kann man frei spielen (usw.) – Welche Zeit am Tag magst du denn besonders gerne? b) Und welche Zeit magst du nicht so gerne?			
10. a) Findest du die Räume im Kindergarten schön? b) In welchem Raum bist du am liebsten? c) Welchen Raum findest du nicht so toll?	☐ ja ☐ fast alle		☐ manche ☐ nein
11. a) Findest du unser Spielzeug und unsere Dinge zum Lernen und Arbeiten gut? b) Oder was würdest du noch gerne im Kindergarten haben?	☐ ja ☐ fast alle		☐ manche ☐ nein
12. a) Schmeckt dir das Essen im Kindergarten gut? b) Welches Essen findest du nicht so lecker?	☐ ja ☐ meistens		☐ selten ☐ nein

Abb. 13 Fortsetzung

Fragen	Bewertung
13. a) Den Kindergarten haben dir deine Eltern ausgesucht. Würdest du selber auch zu uns kommen? b) Oder lieber in einen anderen Kindergarten gehen?	☐ ja ☐ nein
14. a) Was findest du am tollsten am KLAX-Kindergarten? b) Und was findest du gar nicht toll?	
15. Was noch zu sagen ist:	

Wie können Kinderbefragungen aufgebaut werden? Als praktikabel erweist sich die Anlehnung an das Raster der Elternfragebögen, um die Angaben der Kinder mit denen der Eltern vergleichen zu können. Auch hier sollte sich jede Frage oder jeder Fragenkomplex an den Themenbereichen des Handbuchs orientieren.

Ausgewertet wird die Kinderbefragung auf die gleiche Weise wie die Elternbefragung und die Selbstevaluation. Aus den Einschätzungen der Kinder werden Diagramme entwickelt, die den Blick auf eher kritisch und eher unkritisch bewertete Bereiche lenken. Ähnlich wie bei der Elternbefragung helfen zusätzliche verbale Äußerungen der Kinder, um Einschätzungen gewichten zu können. Solche Äußerungen sollten daher unbedingt erfasst werden.

Zusammenfassung der Ergebnisse von Selbstevaluation und Befragungen

4.2.3

Wenn Selbstevaluationen, Kinder- und Elternbefragungen vorliegen, werden deren Ergebnisse abgeglichen, um für jedes Team einen Schwerpunkt der Qualitätsoptimierung im kommenden Jahr festzulegen. Die Aufgabe, die Einschätzungen zu den einzelnen Themenbereichen zu vergleichen und Übereinstimmungen sowie Differenzen zu ermitteln, übernimmt die Leitung. Gerade stark voneinander abweichende Einschätzungen zu ein und demselben Themenbereich können interessante Hinweise darauf geben, welche Aufgaben die Einrichtung zu meistern hat.

Praxisbeispiel

Das Team eines Kindergartens hat seine Arbeit im Themenbereich »Bildung« sehr hoch eingeschätzt. Auch die Kinder haben auf die Frage »Gibt es viele interessante Dinge im Kindergarten zu lernen?« hohe Zustimmung ausgedrückt, verglichen sowohl mit anderen Fragen als auch mit den Einschätzung anderer Kindergärten zu der gleichen Frage. Die Eltern schätzen die Bildungsarbeit jedoch sehr niedrig ein. Der Vergleich mit der Einschätzung des Teams zum Handlungsfeld »Dokumentation von Bildungsprozessen«, die eher niedrig ausfiel, ergibt den Hinweis darauf, dass die schon gut entwickelte Bildungsarbeit offenbar besser dokumentiert werden muss, damit die Eltern sie wahrnehmen.

Nach dem Abgleich der Befragungsergebnisse kann die Einrichtung beauftragt werden, festzulegen, in welchem Handlungsfeld im kommenden Jahr Maßnahmen zur Qualitätsverbesserung zu entwickeln und umzusetzen sind. Diese

Maßnahmen arbeitet das Team der Einrichtung auf seiner Klausur aus.

Es hat sich bewährt, die Eltern über die Gesamtergebnisse der Evaluation jeder Einrichtung mit einem Aushang oder in einem Elternbrief zu informieren. Die Veröffentlichung der Ergebnisse ihrer Kundenbefragung erwarten sie ohnehin. Erfahren sie darüber hinaus nicht nur die Ergebnisse der Kinderbefragung und der Selbstevaluation des Teams, sondern auch die daraus abgeleiteten Maßnahmen zur Qualitätssteigerung, sind sie sicher, dass aufgefallene Defizite behoben werden. Vielleicht fühlen sie sich sogar eingeladen, das Team auf dem Weg der Qualitätsverbesserung zu begleiten.

Praxisbeispiel

Auftrag Qualitätsverbesserung
Kindergarten Vogelnest

Evaluationsergebnisse:
Der Kindergarten hat sich durchschnittlich eingeschätzt, 85 % Umsetzungsgrad des Handbuchs. Die Fachanleitung unterstützt diese Bewertung. Eine vergleichsweise niedrige Kundenzufriedenheit von 1,9 schmälert das gute Ergebnis. Nur 73 % der Befragten würden ihr Kind gerne wieder in den Kindergarten bringen, ein etwas bedenklicher Wert, wenn man bedenkt, dass die Eltern erst seit einem Jahr dabei sind.

In der Selbsteinschätzung wurden nur wenige Punkte niedrig eingeschätzt. Das Kapitel »Planung« wurde mit 80 % am niedrigsten eingeschätzt, dahinter folgen Räume und Arbeitsorganisation. Die Elternarbeit wurde vom Team sehr gut eingeschätzt, 98 %.

Die Kundenbefragung unterstützt diese Einschätzung nicht immer. Zwar werden auch hier im Bereich der Planung deutliche Schwachstellen gesehen, aber ebenso ist man auch mit dem Tagesablauf nicht zufrieden (2,3), und Elternarbeit und Dokumentation werden gerade im Vergleich zu anderen KLAX-Einrichtungen niedrig bewertet. Wohingegen die Bildungsarbeit vergleichsweise gut eingeschätzt wird.

Wie sehen es die Kinder? Sie fühlen sich grundsätzlich im Kindergarten wohl, finden die Bildungsangebote spannend. Niedrig schätzen sie die Möglichkeiten, etwas mitzubestimmen, ein, unzufrieden sind sie offenbar sehr mit allzu viel Streit. Verbindet man die drei Einschätzungen der Eltern, des Teams und der Kinder, zeigt sich der Hinweis, dass die Planung der täglichen Arbeit verbessert werden sollte, damit insgesamt mehr Ruhe und ein besseres Miteinander in den Kindergarten einkehrt und die Bedürfnisse der Kinder stärker zum Tragen kommen. Durch eine offensive, spannende Dokumentation aller pädagogischen Prozesse muss den Eltern erlebbar gemacht werden, was ihr Kind alles im Kindergarten erlebt.

Zielvorschlag:
- Kritische Reflektion des bisher umgesetzten Tagesablaufs, gerade in Hinsicht auf die Gestaltung der Essens- und Ruhephasen
- Stärkung des Teamzusammenhalts durch Coachingmaßnahmen
- Deutliche Verbesserung der Dokumentation von pädagogischen Prozessen und der Elterninformation.

4.3 Die Kindergarten-Berichtsmappe

Mit der jährlichen Evaluation erhält die Einrichtung ein umfassendes Bild darüber, was sie pädagogisch leistet, wo ihre Stärken und Defizite liegen und wie unterschiedlich die Sicht der am Gesamtprozess Beteiligten ausfällt. Dieser jährliche Check ist unentbehrlich, um die Qualitätsentwicklung langfristig steuern zu können. Um auf Qualitätsabfälle, die ungünstigen Rahmenbedingungen geschuldet sind, kurzfristig reagieren zu können, kann man dem jährlichen Erfassungssystem ein monatliches *Berichtssystem* zur Seite stellen.

Um den monatlichen Informationsfluss von der Leitung des Kindergartens zum Träger zu garantieren, hat sich die Einführung einer Kindergarten-Berichtsmappe bewährt. Hauptziel ist die Versachlichung der Zusammenarbeit, denn im pädagogischen Bereich kann es immer mal wieder zu Krisen kommen, etwa durch eskalierenden Elternunmut oder Probleme in der Kommunikation zwischen Team und Träger. Deshalb ist es unabdingbar, durch klare Zahlen und Fakten eine Basis für sachliche Diskussionen zu schaffen.

In der Kindergarten-Berichtsmappe werden alle relevanten Daten der Einrichtung gesammelt, so dass jederzeit ein Austausch zwischen allen beteiligten Ebenen möglich ist. Zu den relevanten Daten gehören die regelmäßig auszufüllenden Formblätter, in denen die mit der Entwicklung der Einrichtungen Betrauten – nämlich Kindergartenleiterin, Fachanleitungen und Bereichsleitung des Trägers – ihre aktuellen Einschätzungen darlegen, Empfehlungen geben und über deren Umsetzung berichten. Auf diese Weise stehen alle drei Bereiche in der Pflicht, Informationen zu liefern und aufzubereiten.

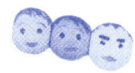

Praxistipp

Inhalt der Kindergarten-Berichtsmappe:
- Monatsbericht der Kindergartenleitung und Controllingbericht,
- Empfehlungen der Fachanleitung,
- Verabredungen beim Jour fixe

Monatsbericht der Kindergartenleitung und Controllingbericht

4.3.1

Im Monatsbericht fasst die Kindergartenleitung in einem detaillierten Abfragebogen (☞ Abb. 14) den abgelaufenen Monat in Daten und Erläuterungen zusammen. Neben Berichten zur allgemeinen Situation enthält er beispielsweise Angaben darüber,
- wie viele pädagogische Angebote es gab,
- wie viele Vorbereitungszeiten das pädagogische Personal in Anspruch nahm,
- welche Konferenzen, Eltern- und Sonderveranstaltungen stattfanden.

Solche zahlenmäßigen Abfragen liefern unter anderem auch die Grundlage für den Umgang mit Beanstandungen von Eltern oder Beschäftigten, z.B. »Im vergangenen Monat gab es kein Musikangebot.« oder »Ich konnte keine Elterngespräche führen, weil ich keine Vorbereitungszeit hatte.«

Durch die Monatsberichte wird nicht nur überprüfbar, was tatsächlich realisiert wurde, sondern sie weisen auch auf Ursachen für Schwachstellen hin, beispielsweise auf ungünstige Rahmenbedingungen.

Praxistipp

Abfragen für den Monatsbericht der Kindergartenleitung:

- Wie viele Beschäftigte fehlten wie viele Tage im Monat?
- Welche Materialien werden dringend benötigt?
- Welche Belastungen, z.B. Umbauarbeiten, beeinflussten den Alltag der Einrichtung, so dass nicht alle Ziele erreicht werden konnten?
- Gab es Elterngespräche, in denen auf Probleme oder Konflikte hingewiesen wurde? Welche?
- Wie weit ist das Team bei der Umsetzung von beschlossenen Maßnahmen zur Qualitätsverbesserung gekommen? Wird von Seiten des Trägers Hilfe benötigt?

Als Anlage zum Monatsbericht heftet die Leiterin den Controllingbericht (☞ Kap. 5.2 Abb. 20) in die Mappe ein. Er liefert die Informationsbasis für Eintragungen, z.B. für den Krankenstand im Team oder die tatsächliche Belegung. Außerdem belegt der Monatsbericht, dass die Leiterin die für ihre Einrichtung relevanten Daten des Controllingberichts verwendet hat.

Allgemeine Angaben

Datum:

Berichtsmonat:

Einrichtung:

1. Allgemeine Einschätzung der Situation der Einrichtung

2. Umsetzung Arbeitszeitmodell

Anzahl der Angebote
____ Atelier   ____ Universum
____ Musik   ____ Gesellschaft
____ Bewegung   ____ Nest

Ausfall wegen:

Vorbereitungszeiten der Mitarbeiter:

Engpässe/Umsetzungsschwierigkeiten:

3. Elternarbeit

Allgemeine Situation:

Elternabende/Kindergartenausschuss
(Anzahl im laufenden Jahr):

Konflikt-Elterngespräche:

Elterncafé am:

Ateliernachmittag am:

Abb. 14 Monatsbericht der Kindergartenleitung

Abb. 14 Fortsetzung

4. Planungssitzungen

Monatsplansitzung am:

Pädagogische Entwicklungskonferenz am:

Besprochene Kinder im laufenden Jahr:

Sonstige Teamveranstaltungen:

5. Erledigung von Auflagen

Erledigung von Verabredungen aus dem letzten jour fixe:

Erledigung von Verabredungen aus der letzten Fachanleiter-Sitzung:

Stand der Umsetzung der Maßnahmepläne:

Stand der Umsetzung der Auditauflagen:

Stand der Umsetzung der Rundgangauflagen:

6. Personalsituation

Neueinstellungen / Einarbeitung / Praktikanten:

Personalmaßnahmen, Konflikte

Krankenstand

7. Material / Raumsituation

Materialbedarf:

Umbauten:

Raumkonzeptänderung:

Unterschrift Kindergartenleitung
Kenntnisnahme Bereichsleitung

Empfehlungen der Fachanleitung

Im Rahmen der halbjährlich stattfindenden Besprechung der jeweiligen Einrichtung gibt das Team der Fachanleiter Empfehlungen, die in einem Formblatt (☞ Abb. 15) festgehalten werden. Darin enthalten sind alle Ergebnisse aus

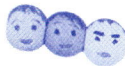

Allgemeine Angaben	
Datum:	
Einrichtung:	
Allgemein:	
Bereiche	**Empfehlungen**
Bildungsbereich Atelier	
Bildungsbereich Musik	
Bildungsbereich Körper/ Bewegung	
Bildungsbereich Universum	
Bildungsbereich Gesellschaft	
Nest	
Raum/Material allgemein	
Unterschriften Fachanleitung/Bereichsleitung Kenntnis Kindergartenleitung	

Abb. 15 Empfehlungen aus der Fachanleitersitzung

Hospitationen und Beratungsgesprächen sowie die im Berichtszeitraum gegebenen und stichwortartig festgehaltenen Empfehlungen, deren Umsetzung die Qualität der Arbeit im Kindergarten verbessern soll.

4.3.3 Verabredungen beim Jour fixe

Sofern die monatlich eingegangenen Berichtsbögen kein außerplanmäßiges Gespräch zwischen Bereichs- und Kindergartenleitung erforderlich machen, dient der vierteljähr-

Praxistipp

Bedingungen für die Einführung der Kindergarten-Berichtsmappe:

- Das Ermitteln und Zusammenfassen von Daten auf den Berichtsbögen erfordert zusätzlichen Zeitaufwand für die Kindergartenleitung und demzufolge Veränderungen in der Arbeitsorganisation.
- Die Einführung dieser Methode kann die Befürchtung auslösen, übertriebener Kontrolle ausgesetzt zu sein. Deshalb muss der Träger darlegen, welche Vorteile die offene Kommunikation – auch über Schwächen – hat.

Vorteile der Arbeit mit der Kindergarten-Berichtsmappe:

- Störungen und Hemmnisse im Arbeitsablauf der Einrichtung werden schneller erkannt und können von allen Verantwortlichen gemeinsam behoben werden.
- Der erreichte Stand der Arbeit unterliegt keinen Mutmaßungen mehr, sondern jedes Team kann aufgrund von Fakten einschätzen, wie gut es arbeitet. Das gibt dem Team Sicherheit.
- In der Regel weicht das Gefühl des Kontrolliertwerdens schnell dem Stolz, über die Erfolge der eigenen Arbeit berichten zu können. Das Team erfährt mehr Wertschätzung.

Allgemeine Angaben	
Datum:	
Berichtsmonat:	
Einrichtung:	

Bereiche	Verabredungen
Allgemeine Situation der Einrichtung	
Pädagogische Arbeit	
Elternarbeit	
Personalsituation	
Raum und Material	
Unterschrift Kindergarten-/ Lernstufenleitung Unterschrift Bereichsleitung	

Abb. 16 Verabredungen beim Jour fixe

liche Jour fixe der Auswertung der Informationen, die die Berichtsmappe enthält. Auf dieser Grundlage wird besprochen, welche der von der Fachanleitung vorgeschlagenen Maßnahmen in welcher Reihenfolge umgesetzt werden.

Neben dem aktuellen Stand der pädagogischen Arbeit in der Einrichtung, in den Monatsberichten dargelegt, werden die aktuellen Umsetzungsschritte aus der Maßnahmenplanung für das laufende Jahr besprochen. Damit ist der Jour fixe sowohl ein Kontroll- als auch ein Beratungsinstrument.

Was beim Jour fixe besprochen wird und weitere Schritte des Kindergarten-Teams, die die Bereichsleitung oder den

Fachanleiter erfordern, werden auf dem Protokollformular »Verabredungen beim Jour fixe« (☞ Abb. 16) festgehalten. Dieses Blatt wird in der Berichtsmappe abgeheftet, damit beim nächsten Jour fixe überprüft werden kann, welche Beschlüsse umgesetzt wurden.

4.4 Die Entwicklungsbücher der Kinder

Entwicklungsbücher oder Bildungsdokumentationen könnte man als Controlling des pädagogischen Erfolgs beim Kind bezeichnen. Das könnte Irritation auslösen. Soll etwa die erfolgreiche Entwicklung eines Kindes mit gleicher Kühle und ähnlicher *Effizienz* gemessen werden wie ein wirtschaftlicher Vorgang? Wird das Kind nicht instrumentalisert, wenn es zum Indikator für effektives pädagogisches Arbeiten wird? Auf den ersten Blick könnte das so erscheinen.

Auf den zweiten Blick zeigen sich überraschende Übereinstimmungen zwischen den Zielen des Controlling und

Praxistipp

Instrumente, um den Entwicklungsstand jedes Kindes zu erfassen und zu dokumentieren:

- Regelmäßige Entwicklungsberichte der Bezugspädagogin erfassen die Entwicklungsfortschritte des Kindes und sein aktuelles Befinden.
- Regelmäßige Beobachtungen des Kindes und der Kindergruppe liefern Informationen über Bedürfnisse und aktuelle Besonderheiten des Kindes.
- In Elterngesprächen und bei Entwicklungskonferenzen, in denen der Entwicklungsgang jedes Kindes besprochen wird, werden die Informationen der am Erziehungsprozess Beteiligten zusammengeführt und dienen dazu, die nächsten Schritte festzulegen.

Grundregeln für das Anlegen eines Entwicklungsbuches:

- Alle Dokumente, die die Entwicklung eines Kindes beschreiben, werden in seinem Entwicklungsbuch gesammelt.
- Es ist ratsam, sich nicht nur auf verbindliche Instrumente der Dokumentation wie den Entwicklungs-, den Elterngesprächs- und den Beobachtungsbogen (☞ Abb. 17-19) zu einigen, sondern auch einen Turnus festzulegen, in dem solche Dokumente beizusteuern sind.
- Es muss festgelegt werden, wie oft das Entwicklungsbuch in Elterngesprächen und auf Konferenzen ausgewertet wird.
- Das pädagogische Personal, Eltern und Kinder haben gleichermaßen Zugriff auf die Entwicklungsbücher und können eigene Blätter, Bilder, Fotos und Geschichten einheften, mit denen sie Entwicklungsschritte dokumentieren.
- Weil alle Seiten Einblick in das Entwicklungsbuch haben, ist es ungeeignet für vertrauliche Informationen des pädagogischen Personals.

denen moderner, kindzentrierter Pädagogik. Wer diesem Anspruch folgt, kann nicht mehr nur darauf vertrauen, dass initiierte Bildungsprozesse wahrscheinlich Erfolg haben werden. Kann nicht beim einzelnen Kind überprüft werden, ob pädagogisches Wirken tatsächlich erfolgreich war, besteht die Gefahr der Kompetenzillusion. Der Definition von Controlling entsprechend, muss es demnach Aufgabe des pädagogischen Personals sein, Informationen zu gewinnen und auszuwerten, die belegen, wie sich jedes Kind weiterentwickelt und welche Bedingungen es dazu tatsächlich braucht.

Zur Sammlung aller Informationen wird für jedes Kind ein Entwicklungsbuch angelegt. Dieser Ordner enthält alle Bögen und Dokumente, auf denen die Entwicklung des Kindes über die Kindergartenzeit hinweg erkennbar wird.

Zwar ist Erziehung eine Gemeinschaftsaufgabe von Pädagogen und Eltern, aber das Kind muss daran beteiligt sein. Deswegen ist das Entwicklungsbuch keine »Schülerakte« mit vertraulichen, möglicherweise unangenehmen Informationen, sondern ein Buch, das für alle Beteiligten lesbar und interessant ist, weil es neben den Einschätzungen der Pädagogen auch Aufzeichnungen der Eltern und die Sicht des Kindes enthält, sei es in Bildern, Fotos oder Geschichten. Auf diese Weise wird das Buch zu einem Dokument über den individuellen Weg jedes Kindes durch seine Kindergartenzeit.

4.4.1 Der Entwicklungsbogen

Für das Verfassen und Abheften des Entwicklungsbogens (☞ Abb. 17) empfiehlt sich ein halbjährlicher Turnus. Auf dem Entwicklungsbogen, der je nach Alter unterschiedliche Kompetenzen abfragt, trägt der Bezugspädagoge/die Bezugspädagogin ein, welche Fähigkeiten, aktuellen Lieblingsbeschäftigungen oder Sorgen das Kind gerade hat. Es sollte nicht Ziel sein, einen Abgleich mit Entwicklungstabellen über für das jeweilige Alter durchschnittlichen Kompetenzen zu machen, um Defizite zu erkennen. Verwertbarer und die Entwicklung des Kindes bestärkender ist es, seine individuellen Kompetenzen und Potenziale zu beschreiben.

Der Entwicklungsbogen gehört auch in die Hand der Eltern. Er kann sie im Vorfeld von Elterngesprächen animieren, die Entwicklung ihres Kindes aus ihrer Sicht zu beschreiben. So trägt er dazu bei, die Eltern in den Prozess einzubeziehen, und sichert, dass wichtige Informationen aus dem häuslichen Umfeld aufbewahrt werden.

Allgemeine Angaben

Kind:

Einschätzung durch:

Datum:

Entwicklungsbereiche	Einschätzung

Allgemeines Befinden des Kindes

Alltagshandeln
    Selbstständigkeit
    Ernährung
    Schlafen, Ruhen, Entspannung
    Toilette, Sauberkeit
    An- und Auskleiden

Motorik
    Fortbewegung
    Bewegungsfreude
    Feinmotorik
    Koordinationsfähigkeit

Kommunikation
    mit Pädagogen
    mit Kindern
    aktive Sprache
    Sprachverständnis
    Sprachauffälligkeiten

Sozialverhalten
    Stand in der Gruppe
    Mitgestalten von Aktivitäten
    Konfliktverhalten
    Kontaktfähigkeit zu Kindern / Erwachsenen
    Erfassen und Befolgen von Regeln

Abb. 17 Entwicklungseinschätzung

Abb. 17 Fortsetzung

Entwicklungsbereiche	Einschätzung
Kreativität/Fantasie Gestalten Eigene Ideen Geschichten erzählen	
Vorlieben und Interessen bevorzugte Spiele im Bereich Atelier im Bereich Körper & Bewegung im Bereich Musik im Bereich Universum im Bereich Gesellschaft	
Kognitive Entwicklung Zusammenhänge erfassen und logisches Denken Problemerfassung und Lösung Konzentrationsfähigkeit Ausdauer	
Emotionale Entwicklung Gefühle ausdrücken und äußern Gefühle anderer erkennen	
Selbstbewusstsein Erkennen von eigenen Bedürfnissen und Fähigkeiten Ja/nein sagen können Sich der Gruppe und den Erzieherinnen gegenüber behaupten können	

Abb. 17 Fortsetzung

Entwicklungsbereiche	Einschätzung
Besonderheiten in der familiären Situation besondere Ereignisse wie neue Geschwister, Trennung ...	
Elternwünsche	
Erstellt von: (Unterschrift Pädagogin oder Elternteil) **Kenntnis genommen:** (Unterschrift Pädagogin oder Elternteil)	

Pädagogische Entwicklungskonferenz (PEK)	
Datum	
Fazit	
Umsetzung des Fazits	
Unterschrift Bezugspädagogin	

Der Beobachtungsbogen

4.4.2

Das Instrument der Beobachtung sollte regelmäßig angewendet werden, insbesondere bevor der Entwicklungsbogen eines Kindes ausgefüllt wird oder wenn sich die Bezugserzieherin in ihrer Einschätzung nicht sicher ist. Um zu garantieren, dass auch unauffällige, scheinbar unproblematisch heranwachsende Kinder regelmäßig beobachtet werden, empfiehlt es sich, eine Mindestanzahl von Beobachtungen pro Kind und pro Halbjahr festzuschreiben. Um die Rahmeninformationen der Beobachtung zu sichern – Wann hat sie stattgefunden? In welcher Gruppensituation? Wie lange wurde beobachtet? – kann ein Formblatt mit kurzen Abfragen und viel Platz für Eintragungen verwendet werden (☞ Abb. 18).

Allgemeine Angaben

Kind/er:

Beobachtung durch:

Datum:

Angaben zur Beobachtung

Fragestellung für die Beobachtung

Situation
Wann und wo wurde beobachtet, welche besondere Situation lag vor, welche Erwachsenen waren dabei?

Beobachtungen
(als Text oder in Stichworten, als Schemazeichnung...)

Fazit
Wie gehe ich mit den Beobachtungsergebnissen um?
Welche neuen Ziele stecke ich mir in Bezug auf die beobachteten Kinder?

Ausgefüllt von:
Umsetzung überprüft von:

Abb. 18 Beobachtungsbogen

Der Bogen für Elterngespräche

Da der Entwicklungsbogen für jedes Kind halbjährlich ausgefüllt wird, liegt es nahe, Elterngespräche im Anschluss daran, also im gleichen Turnus zu führen. Dadurch verfügt das pädagogische Personal über eine gute Grundlage für ein interessantes Gespräch, das dokumentiert wird (☞ Abb. 19).

Allgemeine Angaben

Kind:

Bezugspädagogin:

Anwesende Eltern:

Datum:

Angaben zum Gespräch

Anlass für das Gespräch
Ist es ein regelmäßiges Gespräch, oder liegt ein aktueller Anlass vor?

Situation des Kindes
aus Sicht der Pädagogen?
aus Sicht der Eltern?

Verabredungen
Welche neuen Ziele stecken wir uns in Bezug auf das Kind?

Erstellt von:
(Unterschrift Pädagogin)
Kenntnis genommen:
(Unterschrift Eltern)

Abb. 19 Elterngesprächsbogen

Vom Grundgedanken des Controllings – möglichst viele verlässliche Informationen zu sammeln – ausgehend, ist es sinnvoll, den Eltern zu vermitteln, dass das Elterngespräch nicht nur ein Angebot ist, sondern dass der pädagogische Bedarf besteht, mindestens halbjährlich Informationen über das Kind auszutauschen und evtl. Unterstützungsmaßnahmen zu vereinbaren. Im Interesse des Kindes sollten regelmäßige Elterngespräche Pflicht für alle an der Erziehung Beteiligten sein.

4.4.4 Die pädagogische Entwicklungskonferenz

Die Entwicklungskonferenz, auf der alle Pädagoginnen und Pädagogen der Einrichtung zusammentreffen, um über den Entwicklungsverlauf jedes einzelnen Kindes zu sprechen, schließt den halbjährlichen Turnus des Beobachtens und Einschätzens ab. Alle Informationen, die erlangt wurden, können nun kombiniert werden: Was sagen die Eltern zur Entwicklung ihres Kindes? Wie sehen die Kolleginnen und Kollegen das? Welche Beobachtungen wurden gemacht?

Es empfiehlt sich, jeden Monat eine Entwicklungskonferenz anzusetzen, auf der jeweils über einige Kinder gesprochen wird, sodass im Zeitraum von einem halben Jahr jedes

Praxistipp

Ziele der pädagogischen Entwicklungskonferenz:

- sichere Kenntnisse über den Entwicklungsstand eines Kindes zu erlangen, um der Kompetenzillusion nicht zu unterliegen, dass »alles seinen Gang gehe«, und um rechtzeitig auf Probleme reagieren zu können;
- fördernde und unterstützende Maßnahmen für jedes Kind zu entwerfen und zu überlegen, welche Angebote der Gesamtplanung diesem Kind besonders dienlich sind.

Kind ein Mal intensiv betrachtet werden kann. Die auf der Entwicklungskonferenz getroffenen Verabredungen werden im Entwicklungsbuch festgehalten, damit Eltern und Kinder sich jederzeit darüber informieren können.

Praxistipp

Bedingungen für die Einführung der Entwicklungsbücher:

- Entwicklungsbücher zu führen ist zeitaufwändig. Teams, die diese Methode einsetzen, müssen in der Regel ihre Arbeitsorganisation und ihre Tätigkeitsformen verändern.
- Das pädagogische Personal braucht zum Ausfüllen der Bögen, zum Beobachten und zum Vorbereiten der Gespräche verlässliche Vorbereitungszeiten, in denen es von der Alltagsarbeit freigestellt ist.

Vorteile der Arbeit mit Entwicklungsbüchern:

- Durch gezielte Beobachtungen, die Entwicklungseinschätzung und die Gespräche gewinnen die Pädagoginnen und Pädagogen deutlich mehr Einsicht in die Bedürfnisse und Kompetenzen der einzelnen Kinder. Sie können fördernde Angebote zielgerichteter planen.
- Durch die Arbeit mit Entwicklungsbüchern eignet sich das pädagogische Personal Kompetenzen im Hinblick auf die Einschätzung der Kinder an, die sich positiv auf das Verhältnis zu den Eltern auswirken. In den Augen der Eltern werden aus Betreuern Erziehungs-Experten, deren fachliche Aussagen respektiert werden.
- Auch die Wahrnehmung der Kinder verändert sich, wenn sie ihre Entwicklungsschritte erkennen können. Sie begreifen, welche wichtigen Lernprozesse sie durchleben. Das schafft Selbstvertrauen und Sicherheit.

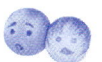

5. Controlling der wirtschaftlichen Leistungen

Zu den obersten Zielen jeder Organisation und damit auch jeder pädagogischen Einrichtung gehört es, ihre *Liquidität* – die Fähigkeit, ihre Zahlungsverpflichtungen fristgerecht zu erfüllen – kontinuierlich zu sichern und ihr Kapital rentabel einzusetzen, also erfolgreich zu wirtschaften. Beide Ziele sind eng miteinander verbunden und erfordern die exakte Planung aller anfallenden Einnahmen und Ausgaben.

Die betriebswirtschaftliche Planung beginnt mit der Festlegung von produkt- oder dienstleistungsbezogenen Zielen und deren Aufschlüsselung für alle Bereiche. Auf dieser Basis legen die Bereiche anschließend fest, welche Ressourcen erforderlich sind, um die Ziele zu erreichen, und stellen die Ressourcen in den Haushalt ein. Die Haushalte der einzelnen Bereiche werden nun im Gesamthaushalt der Einrichtung zusammengeführt. Danach wird der Gesamthaushalt hinsichtlich der Einhaltung vorgegebener betriebswirtschaftlicher Kenngrößen, d.h. dem zur Verfügung stehenden Gesamtbudget, überprüft und ggf. korrigiert.

Die Überwachung der Einhaltung des Haushaltsplans unter Berücksichtigung aktueller Änderungen im Umfeld ist die Kernaufgabe des Controlling wirtschaftlicher Leistungen.

Ziele des Controlling wirtschaftlicher Leistungen:
- die Haushalts- und *Liquiditätsentwicklung* überwachen;
- die Notwendigkeit einer Haushaltssperre oder eines Nachtragshaushalts rechtzeitig erkennen;

- **drohende Zielabweichungen rechtzeitig erkennen und geeignete Korrekturmaßnahmen einleiten;**
- **Ressourcen transparent und effizient einsetzen;**
- **Informationen für die Ableitung operativer und strategischer Entscheidungen bereitstellen;**
- **eine präzise Grundlage für die Haushaltsplanung der Folgejahre schaffen.**

Den Haushalt planen und Budgets festlegen

5.1

Das Controlling der wirtschaftlichen Leistungen beginnt mit der Haushaltsplanung, also der Festlegung von Budgets für die einzelnen Bereiche und Abteilungen im kommenden Haushaltsjahr. Um eine sinnvolle Basis für das Controlling zu bieten, sollte die Haushaltsplanung produktorientiert er-

Praxistipp

Inhalte der Budgetplanung eines Kindergartens:
- die *Produkt*beschreibung mit den vorgeschriebenen pädagogischen Qualitätsstandards und finanzwirtschaftlichen *Kennzahlen*;
- die zu erwartende oder anzustrebende Auslastung des Kindergartens;
- die benötigten Ressourcen für die inhaltlich konforme und qualitativ hochwertige Produktumsetzung in den Bereichen, z.B. Personal, Material, Ersatzinvestitionen;
- die benötigten Ressourcen für die in den Bereichen geplanten Veranstaltungen, z.B. Ausflüge oder Feste;
- die benötigten Ressourcen für die Umsetzung von Maßnahmen, die sichern sollen, dass die Ziele im kommenden Jahr erreicht werden.

folgen, also ausgerichtet an den geplanten Produkten und nicht an den Kosten. Dies bedeutet, dass vor der Budgetfestlegung *produkt*bezogene Leistungs*kennzahlen* definiert werden, die mit den zu planenden Budgets erreicht werden müssen. Voraussetzung dafür ist die Existenz detaillierter Produktbeschreibungen mit Angaben zu Qualität und

Praxistipp

Vorgehen bei der praktischen Umsetzung der produktbezogenen Haushaltsplanung:

- detaillierte *Produkt*beschreibungen mit Angaben zu Qualität und Quantität entwerfen;
- produktbezogene, finanzwirtschaftliche Soll-*Kennzahlen* unter Berücksichtigung der Organisationsgemeinkosten festlegen;
- die zur Produktrealisierung benötigten Ressourcen bereichsweise planen und die produktbezogenen Budgets für die Bereitstellung der Ressourcen festlegen;
- nicht produktbezogen arbeitende Bereiche planen und budgetieren;
- die Haushaltsplanung für die gesamte Organisation abstimmen und verbindlich verabschieden;
- Budgetverantwortliche festlegen;
- bereichs- oder abteilungsbezogene Einnahmen- und Ausgabenpläne aufstellen;
- die Einnahmen- und Ausgabenpläne zur Finanz- und *Liquidität*splanung für die gesamte Einrichtung zusammenführen;
- Art, Umfang und Häufigkeit der an das Controlling zwecks Überwachung zu berichtenden *Kennzahlen* festlegen;
- die einzuleitenden Aktivitäten und Verantwortlichkeiten im Falle einer durch das Controlling festgestellten Abweichung bestimmen.

Quantität sowie entsprechender finanzwirtschaftlicher *Kennzahlen*, so dass eine klare Verbindung zwischen Leistungsmessung und Ressourcenverteilung hergestellt werden kann.

Die ermittelten Budgets werden anschließend mit den finanzwirtschaftlichen Leistungs*kennzahlen* abgestimmt, so dass eine realistische und wirtschaftliche Planung als Basis für das Controlling entsteht. Hier sind auch die Bereiche einzubeziehen, die nicht produktbezogen arbeiten, sondern interne Dienstleistungen erbringen, z.B. die Personalabteilung, das Rechungswesen und das Controlling selbst.

Die vorzugebenden Soll-*Kennzahlen* der Finanzplanung, die das Controlling später kontinuierlich mit aktuellen Ist-Daten vergleicht, müssen realistisch eingeschätzt werden, um die *kennzahlen*basierte Steuerung zu ermöglichen. Diese Steuerung erfordert, dass ausreichend Erfahrungswerte aus den Vorjahren zur Verfügung stehen oder das Know-how für deren Einschätzung vorhanden ist.

Leistungskennzahlen ermitteln

5.2

Sind die wirtschaftlichen Kenngrößen definiert, sind Einnahmen und Ausgaben für das kommende Jahr geplant, wird die Ist-Situation regelmäßig festgestellt und systematisch ausgewertet. Bei Abweichungen werden geeignete Maßnahmen eingeleitet. Zu diesem Zweck wird in der Einrichtung ein geeignetes *Berichtswesen* eingeführt oder das bestehende *Berichtswesen* entsprechend angepasst.

Das Verfahren der *Kennzahlen*ermittlung wird im Vorfeld der Planung definiert und in allen Bereichen bekannt gemacht. Die erforderlichen Strukturen und Hilfsmittel, z.B. EDV, müssen rechtzeitig geschaffen oder angeschafft werden, um den reibungslosen Start des Controlling zu sichern (☞ Kap. 2).

Praxistipp

Fragen bei der Einrichtung eines effektiven Berichtswesens:

- Sollen *Kennzahlen* durch eigenständige Berichterstattung der Bereiche oder per Kennzahlensammlung durch das Controlling erhoben werden?
- Wer ist für die Bereitstellung welcher *Kennzahlen* verantwortlich? Zuständigkeiten festlegen.
- Wie werden die Kennzahlen erfasst? Mittels EDV-Systemen, Umfragen oder Listen?
- Wie werden die *Kennzahlen* übermittelt? Per E-Mail, in einem Online-Formular, als schriftlicher Bericht?
- In welchen Zyklen sind die *Kennzahlen* zu erfassen und zu berichten? Täglich, wöchentlich oder monatlich? Zu welchem Stichtag sind die Zahlen vorzulegen?

In der Praxis hat sich die monatliche Erhebung und Auswertung der *Kennzahlen* bewährt: Dabei bleibt der Erhebungsaufwand in einem vertretbaren Rahmen, und die Erhebungshäufigkeit reicht aus, um rechtzeitig in Geschäftsprozesse eingreifen zu können.

Um die Last der *Kennzahlen*ermittlung auf möglichst viele Schultern zu verteilen und alle Führungskräfte in das Controlling einzubinden, ist es sinnvoll, sie zur regelmäßigen Berichterstattung an das Controlling zu verpflichten. Die Berichterstattung sollte in strukturierter und möglichst in elektronischer Form erfolgen, um die Auswertung der *Kennzahlen* zu erleichtern. Sehr hilfreich ist hier z.B. ein Einrichtungsintranet, in dem für alle Bereiche spezifische Online-Formulare zur Berichterstattung eingerichtet werden können, die die eingegebenen *Kennzahlen* automatisch in die entsprechende Auswertung überführen. Auch per E-Mail versendete Excel-Tabellen sind eine gute Möglichkeit für effiziente Datenerhebung.

Zeitraum / Personal/Störung	Vergleichs-zahlen 2003	Jan	Feb	Mär	Apr	Mai	Jun	Jul	Aug-Dez
Anzahl Kiga-Mitarbeiter in Weiterbildung zum KLAX-Pädagogen	k.A.	k.A.	2	3	3	3	3	3	0
Anzahl Mitarbeiter in sonstigen KLAX-internen Weiterbildungsmaßnahmen	k.A.	k.A.	0	0	k.A.	k.A.	k.A.	0	0
Anzahl Mitarbeiter in Personalentwicklungsmaßnahmen, wie Teamtage u. Fallberatungen	k.A.	k.A.	1	1	k.A.	k.A.	k.A.	0	0
Anzahl Klax-Mitarbeiter bei externen Fortbildungen	k.A.	k.A.	0	0	k.A.	k.A.	k.A.	0	0
Neueinstellungen	1	1	0	0	k.A.	k.A.	k.A.	0	0
Mitarbeiterkündigungen	0	0	0	k.A.	k.A.	k.A.	0	0	0
Krankenstand (in %)	2,6	k.A.	0,00	1,86	k.A.	0,17	0,00	0,00	0,00
Anzahl der Verbesserungsvorschläge	k.A.	0	0	0	0	0	0	0	0
Anzahl der verursachten Störungen (intern)	k.A.	1	0	0	0	0	0	0	0
Anzahl der positiven Erwähnungen (intern)	k.A.	0	0	0	0	0	0	0	0
Anzahl der Störmeldungen (extern)	k.A.	1	1	1	0	0	0	0	0
Anzahl der positiven Erwähnungen (extern)	k.A.	0	0	0	0	0	0	0	0
Versicherungsfälle/Schäden ohne Versicherungsschutz	k.A.	1	0	0	0	0	0	0	0

Zeitraum / Swing	Vergleichs-zahl 2003	Jan-Feb	Jan-Mär	Jan-Apr	Jan-Mai	Jan-Jun	Jan-Jul	Jan-Dez
Kindergarten X (in %)	-1,59	-6,71	-5,25	-3,65	-3,86	-3,57	0,00	0,00	0,00

Vertragl. Auslastung der Kindergärten / Zeitraum	Senatsan-meldungen 2004	Jan	Feb	Mär	Apr	Mai	Jun	Jul	Aug-Dez
Kindergarten X	55	53	54	56	54	55	0	0	0

Abb. 20 Controlling-Bogen Kindergarten X

105

Abb. 20 Fortsetzung

Kunden Kindergarten X / Zeitraum	Vergleichszahlen 2003	Jan	Feb	Mär	Apr	Mai	Jun	Jul	Aug - Dez
IST	0	53	54	56	54	55	0	0	0
SOLL (intern)	0	55	55	55	55	55	55	55	55
tatsächliche Auslastung der Kindergärten Anwesenheitsstatistik	54	43	42	43	44	43	45	0	0
Elterncafé und Ateliernachmittag	2	2	2	2	2	2	0	0	0
Kündigungsgrund Umzug	4	0	1	1	2	2	0	0	0
Kündigungsgrund Einschulung/zu alt/Schulhort	11	0	0	0	0	0	0	0	0
Kündigungsgrund Unzufriedenheit	1	0	0	0	0	0	0	0	0
Kündigungsgrund sonstige Gründe	0	0	0	3	0	0	0	0	0
Kündigung durch KLAX, wenn Zahlung nicht erfolgt	2	0	0	0	0	0	0	0	0
Neuverträge	12	4	0	0	1	0	0	0	0
Interne	0	18	18	19	19	22	0	0	0
Externe	0	3	3	2	0	0	0	0	0

Erläuterungen zur Abb. 20
- Störungen sind Abweichungen oder Unterbrechungen des Betriebsablaufs, die Beschwerden hervorrufen, z.B.
  - interne Störung: Die Kindergartenleitung beschwert sich über die Buchhaltung, weil dort längst eingereichte Rechnungen noch nicht bearbeitet wurden.
  - externe Störung: Eltern beschweren sich über mangelndes Mitspracherecht bei der Renovierung der Einrichtung.
- Swing: Die sich aus dem Verhältnis von angemeldeter Kinderzahl und tatsächlich anwesenden Kindern ergebende Größe muss sich im Jahresdurchschnitt der Vorgabe der Senatsverwaltung entsprechend zwischen −5 % und +5 % bewegen.
- Interne und Externe sind die Kunden zusätzlicher Angebote des Kindergartens.
- Keine Angabe (k.A.): Zahlen, die noch nicht ausgewertet sind, werden im Jahresbericht nachbearbeitet.
- Für die Monate Juli bis Dezember liegen noch keine Zahlen vor (Angabe 0)

Wirtschaftliche Leistungen überwachen

Für die effektive Überwachung der betriebswirtschaftlichen Leistungsdaten müssen die erhobenen *Kennzahlen* in geeigneter Weise überprüft, zusammengestellt und ausgewertet werden. Das Controlling erntwickelt dazu Übersichten, die den einfachen und schnellen Vergleich der Soll- mit den Ist-Werten ermöglichen.

Für die Überwachung der *Kennzahlen* ist es sinnvoll, neben den Soll-Vorgaben auch Eingriffsgrenzen festzulegen, ab deren Unter- oder Überschreitung umgehend Korrektur-

Praxistipp

Wesentliche Schritte der *Kennzahlen*auswertung:

- Rücksprache mit dem Bereich, in dem eine Abweichung aufgetreten ist, um Fehler bei der *Kennzahlen*ermittlung auszuschließen;
- Analyse der Rahmenbedingungen der Abweichung: Welche internen und externen Einflüsse wirken sich auf die Kennzahlausprägung aus?
- Ermittlung der internen oder externen Ursachen für die Abweichung in Zusammenarbeit mit dem entsprechenden Bereich;
- Festlegen von geeigneten Korrekturmaßnahmen mit dem entsprechenden Bereich und dem Qualitätsmanagement;
- Falls nötig Bereitstellung von zusätzlichen Haushaltsmitteln für die Umsetzung der beschlossenen Maßnahmen, ggf. in Abstimmung mit der Geschäftsführung;
- kontinuierliche Überwachung der Maßnahmenumsetzung und des Maßnahmenerfolges, evtl. Erhöhung der Berichtsfrequenz zur feineren Steuerung.

maßnahmen eingeleitet werden müssen. Wird bei der *Kennzahlen*auswertung eine Eingriffsgrenze erreicht, muss das Controlling entsprechend reagieren.

Neben dem Überprüfen der Eingriffsgrenzen auf Über- oder Unterschreitung ist es sinnvoll, die Trendentwicklung der *Kennzahlen* zu verfolgen, um beispielsweise bei einer kontinuierlichen Annäherung an die Eingriffsgrenze schon vor deren Überschreiten zu reagieren. Auf diese Weise kann frühzeitig langfristigen negativen Entwicklungen entgegengewirkt werden, die oftmals nur schwer durch kurzfristige Maßnahmen aufzuhalten sind.

Eingriffsgrenzen sind nicht nur in negativer Hinsicht von Bedeutung. Auch positive Eingriffsgrenzen sollten formuliert und überwacht werden, um günstige Entwicklungen durch geeignete Anpassungen der Struktur oder der Prozesse zu nutzen. Übersteigt beispielsweise die Auslastung eines Produkts den Planwert bei weitem, kann durch adäquates Wachstum in diesem Bereich schnell auf die Marktanforderung reagiert werden. Das sichert Marktanteile.

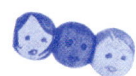

Anhang

6.

Glossar

Benchmarking: Vergleich der eigenen Leistungsfähigkeit anhand festgelegter Kriterien mit den Leistungen anderer, meist branchengleicher Einrichtungen oder Organisationen mit dem Ziel, Verbesserungsmöglichkeiten zu ermitteln

Berichtswesen: Bestandteil des Management-Informationssystems, in das alle Bereiche und Abteilungen eingebunden sind. Die Berichterstattung enthält Angaben darüber, inwieweit die Ziele des Bereichs/der Abteilung erreicht wurden, wo und warum es Abweichungen gab und welche Korrekturmaßnahmen vorgesehen sind.

Best Practice: Vergleich mit anderen (auch branchenfremden) Einrichtungen oder Organisationen, die – bezogen auf eine bestimmte Leistung – über die beste realisierte Lösung verfügen, mit dem Ziel, Verbesserungspotenziale abzuleiten

Brainstorming: Kreativitätstechnik. Sammeln von spontanen Einfällen und Ideen zur Lösung eines Problems mit anschließender Bewertung der Lösungsmöglichkeiten

Business Excellence: Wird in der Fachöffentlichkeit als »überragende Vorgehensweise beim Führen einer Einrichtung oder Organisation und zum Erzielen von hervorragenden (Geschäfts-)Ergebnissen« definiert. Der Begriff wird unternehmensspezifisch gebraucht, richtet sich an selbstdefinierten Zielen aus und bedeutet, dass auf Leistung, Kunden, Mitarbeiter und Gesellschaft bezogene hervorragende Ergebnisse erreicht werden, indem die Führung die Politik und Strategie des Unternehmens mit Hilfe von Mitarbeitern, Partnerschaften, Ressourcen und Prozessen umsetzt.

Controlling: Systematische Planung und Kontrolle von Zielen sowie die Beschaffung und Auswertung von diesbezüglichen Informationen

Deckungsbeitrag: Betrag, den eine Einrichtung einnehmen muss, damit ein Produkt (z.B. Kita-Platz) sich rechnet

EAI-Software: Software (Middleware) zur Integration unterschiedlicher, im Unternehmen vorhandener Softwaresysteme in eine durchgängige, zweckgerichtete IT-Lösung

Effektivität: »Das Richtige tun«, ein gesetztes Ziel erreichen

Effizienz: »Etwas richtig tun«, einen definierten Nutzen mit möglichst geringem Aufwand erreichen

EFQM-Modell für Excellence: Das EFQM-Modell für Excellence ist ein eingetragenes Warenzeichen der European Foundation for Quality Management (EFQM). Das Modell dient zur Bewertung des Fortschritts von Organisationen in Richtung Business Excellence. Die Grundstruktur besteht aus fünf Befähiger-Kriterien (Bewertung der Vorgehensweise einer Organisation/eines Unternehmens in Bezug auf das Qualitätsmanagement) und vier Ergebnis-Kriterien, die sich auf die Befähiger-Kriterien beziehen. Durch Innovation und Lernen lassen sich die Befähiger verbessern, was sich wiederum auf die Ergebnisse auswirkt.

Kennzahlen (Leistungskennzahlen): Kennzahlen stellen wirtschaftliche Tatbestände in Zahlen dar. Sie sind oft Verhältniszahlen, d.h. sie drücken die Relation verschiedener Größen zueinander aus.

Lernende Organisation: Organisation, deren Strukturen die systematische Erweiterung des Know-how bezüglich des Produkts oder der Dienstleistung, der Organisation, der Struktur und des Umfeldes fördern, um die kontinuierliche Weiterentwicklung der Organisation im Hinblick auf die Organisationsziele zu sichern.

Liquidität: Fähigkeit einer Organisation, ihre Zahlungsverpflichtungen fristgerecht zu erfüllen

Management by Objectives: Führungsmethode »Führen mit Zielen«. Vorgesetzte und Mitarbeiter arbeiten gemeinsam ein Zielsystem aus. Die Mitarbeiter werden mit den für die Erreichung des Ziels erforderlichen Kompetenzen ausgestattet. Die Zielerreichung wird regelmäßig kontrolliert.

Produkt: Ergebnis von Tätigkeiten und Prozessen. Produkte einer Kindertageseinrichtung sind z.b. die Kita-Plätze und weitere, nicht im Kita-Platz enthaltene (kostenpflichtige) Angebote (z.B. Ateliernachmittag)

Prozesskostenrechnung: Verfahren zur verursachungsgerechten Verteilung von Gemeinkosten auf Kostenstellen bzw. Kostenträger, z.B. Produkte. Bestimmten Prozessen werden bestimmte Kosten zugeordnet, d.h. die dem Prozess zugehörigen Kosten werden gesammelt und berechnet.

Rentabilität: Verzinsung des eingesetzten Kapitals

Target Costing: Systematische Planung und Entwicklung von Produkten oder Dienstleistungen, orientiert an den Preisvorstellungen der Kunden

Literatur

Bostelmann, A./Metze, T. (Hrsg.) (2000). Der sichere Weg zur Qualität. Weinheim, Basel, Berlin: Beltz

Bostelmann, A./Fink, M. (2003). Pädagogische Prozesse im Kindergarten – Planung, Umsetzung, Evaluation. Weinheim, Basel, Berlin: Beltz

Dörner, D. (1989). Die Logik des Misslingens. Strategisches Denken in komplexen Situationen. Reinbek: Rowohlt

Drucker, P. F. (1966). The Effective Executive, New York: Harper-Collins Publishers

Gleich, R. (2001). Leistungsmessung und -steigerung im Controlling. Idee und Anwendungsbeispiele, Controlling News, 2.

Horváth, P. (1996). Controlling. München: Vahlen

IGC (Hrsg.) (2001). Controller-Wörterbuch (2. überarb. und erw. Aufl.). Stuttgart: Schäffer-Poeschl

Osterhold, G. (2002). Veränderungsmanagement – Wege zum langfristigen Unternehmenserfolg (2. überarb. Aufl.). Wiesbaden: Gabler

Schmidt-Tanger, M. (1999). Veränderungs-Coaching – Kompetent verändern. Paderborn: Junfermann

Herausgeber und Autoren

Antje Bostelmann

ist Gründerin und Geschäftsführerin der KLAX gGmbH, entwickelte das pädagogische Konzept des Trägers, regte 1997 die Einführung des Qualitätsmanagementsystems nach der DIN EN ISO 9001 bei KLAX an und war maßgeblich an dessen Entwicklung und Umsetzung beteiligt.

Michael Fink

ist im Referat Pädagogik der KLAX gGmbH für die pädagogische Evaluation in den Kindergärten zuständig.

Christian Kahl

studierte an der TU Berlin Wirtschaftsingenieurwesen, ist seitdem im Bereich Qualitätsmanagement als Berater für Mangamentsysteme bei der Firma Axentris in Berlin tätig und begleitet die KLAX gGmbH seit Jahren bei der Entwicklung ihres Qualitätsmanagementsystems.

Gabi Wimmer

ist als selbstständige Personalberaterin und -trainerin tätig und begleitet die KLAX-Teams bei Veränderungsprozessen.